Vegán Konyha kezdőknek

Ízletes és Egyszerű Receptek az Növényi Világból

Zsófia Nagy

Összegzés

Thaiföldi mogyoró saláta saláta 11
Saláta saláta metélőhagymával és pisztáciával 12
Vegán saláta, mandula és krémsajt saláta 14
boston saláta és paradicsom saláta 16
Saláta és paradicsom korianderes vinaigrette-vel 17
Vegyes zöldség-mandula saláta 18
Vegán Chervil és Ricotta saláta 19
Diós és parmezán saláta 20
Vegán paradicsomos és ricotta endívia saláta 21
Vegán kelkáposzta és parmezán saláta 22
Spenótos paradicsom és mandulasaláta 23
Kelkáposzta és mandula saláta 24
Vegyes saláta zöldmandulából és vegán ricottából 25
Escarole paradicsom és mandula saláta 26
Kelkáposzta és mandula saláta 27
Endívia saláta mandulával és paradicsommal 28
Endívia paradicsom-mandula saláta 29
Mandula és cseresznye paradicsom saláta 30
Vegán paradicsomsaláta spenóttal és parmezánnal 31
Vegán kelkáposzta és parmezán saláta 32

Vegán ricotta és vegyes zöldséges paradicsom saláta 33

Cikória saláta mandulával és vegán ricottával 34

Escarole paradicsom és mandula saláta 35

Spenót, cukkini és mandula saláta 36

Kelkáposzta, uborka, paradicsom és tofu saláta 37

Vegyes mandula és tofu ricotta saláta 38

Vegán kelkáposzta és parmezán saláta 39

Vegán parmezán paradicsom és cseresznye saláta 40

Tofu Ricotta és paradicsomos saláta saláta 41

Spenót, paradicsom és mandula saláta 43

Vegán saláta Parmigiano Reggiano és Napa kelkáposzta Tomatillo saláta 44

Cikória, paradicsom és mandula saláta 45

Ricotta saláta kelkáposztával és tofuval 46

Tofu, paradicsom és ricotta saláta 47

Céklás paradicsom és vegán sajt saláta 48

Szuperkönnyű római saláta saláta 49

Finom és könnyű saláta saláta 50

Egyszerű bostoni saláta 51

Könnyű vegyes zöldségsaláta 52

Washingtoni saláta saláta 53

Bostoni saláta saláta balzsammázzal 54

egyszerű endívia saláta 55

Vegyes zöldségsaláta 56

Boston földimogyoró saláta saláta 57
Boston saláta balzsammázzal 58
Saláta diós vinaigrette-vel 59
Romaine saláta mogyorós vinaigrette-vel 60
Vegyes zöldségsaláta mandula vinaigrette-vel 61
Escarole mogyoró salátával és balzsamos vinaigrette-vel 62
Saláta kesudiós vinaigrette-vel 63
Római saláta saláta diós vinaigrette-vel 64
Vegyes zöldségsaláta mandula vinaigrette-vel 65
Romaine saláta saláta kesudió vinaigrette-vel 67
Escarole saláta mogyorós vinaigrette-vel 68
Saláta mogyorós vinaigrette-vel 69
Boston grillezett saláta saláta 70
Roston sült római saláta saláta 71
Roston sült római saláta és kesudió-vinaigrette saláta 72
Grillezett Romaine saláta mandula vinaigrette-vel 73
Grillezett napa káposzta kesudiós vinaigrette-vel 74
Roston sült bostoni saláta és kesudió-vinaigrette saláta 75
Roston sült római saláta és zöld olíva saláta 76
Grillezett saláta és zöld olíva saláta 77
Roston sült római saláta és zöld kapriboláta 78
Roston sült római saláta és kapriboláta 79
Grillezett bostoni saláta fekete olajbogyóval 80
Pörkölt Romaine és Kalamata olajbogyó saláta 81

Római saláta zöld olajbogyóval és földimogyoró-vinaigrette-vel . 82

Romaine saláta kapribogyó és mandula vinaigrette 83

Bostoni saláta articsóka szívvel és kesudió-vinaigrette-vel 84

Articsóka és articsóka szívek balzsammázzal 85

Articsóka és zöld olajbogyó diós vinaigrette-vel 86

Római saláta fekete olajbogyóval és articsóka szívvel 87

Articsóka szívek fekete olíva salátával 88

Boston saláta saláta fekete olajbogyó és articsóka szívek 89

Romaine saláta articsóka szívvel és makadámia vinaigrette-vel .. 91

Saláta saláta fekete olajbogyóval és articsóka szívvel 92

Boston saláta almabor vinaigrette-vel 93

Romaine saláta articsóka szívvel és kesudió-vinaigrette-vel 94

Római saláta saláta articsóka szívvel és zöld olajbogyóval 95

Olíva és articsóka szívsaláta 96

Római saláta és articsóka szív saláta 97

Új sárgarépa articsóka szívsaláta bostoni salátával 98

Római saláta, fekete olajbogyó és bébi kukorica saláta 99

Romaine és sárgarépa saláta diós vinaigrette-vel 100

Bostoni saláta saláta kapribogyóval és articsóka szívvel 101

Római saláta, zöld olívabogyó és articsóka szívek makadámiás vinaigrette-vel 102

Saláta olajbogyó és bébi sárgarépa diós vinaigrette salátával 103

Romaine saláta bébi kukorica salátával 104

Romaine, lilahagyma és articsóka szívsaláta mogyoró vinaigrettevel 105

Boston saláta fekete olíva és kukorica saláta mandula vinaigrettevel 107

Cikória és zöld olajbogyó saláta 108

Vegyes zöldségsaláta olajbogyóval és articsóka szívvel 109

boston saláta és articsóka szívsaláta 110

Vörös káposzta, articsóka és nappa káposzta saláta 111

Paradicsomos spenót és vízitorma saláta 112

Káposzta, ananász és uborka saláta 113

Káposzta, ananász és őszibarack saláta 114

Sárgarépa és vízitorma saláta Napa káposztával 115

Napa Coleslaw és Enoki gomba 116

Napa saláta vízitormával és sárgarépával 117

Napa articsóka saláta káposztával és hagymával 118

Articsóka és nappa káposzta saláta 119

Szőlő kukorica saláta savanyúság 120

Cseresznyeparadicsom és spenót saláta 121

Vörös káposzta és cseresznye almás saláta 122

Vörös káposzta és alma saláta 123

ananász és mangó saláta 124

Káposztasaláta, ananász, mangó és uborkasaláta 125

Mangós almás paradicsomsaláta 126

Saláta és paradicsom balzsammázzal 127

Hagyma és brokkoli saláta mézzel 128

Római saláta balzsamos mázzal 129

Alap guacamole saláta 131

Cseresznyeparadicsom és uborkasaláta 133

Brokkoli és koktélparadicsom saláta 134

Pirospaprika és feketebab saláta 136

Bab és kukorica saláta 137

kukorica saláta 138

Minimalista sült paradicsom 139

Minimalista őszibarack és mangó saláta 142

Grillezett cukkini saláta 143

Grillezett padlizsán saláta makadámia olajban 145

Grillezett cukkini és padlizsán saláta 147

Grillezett cukkini és spárga saláta 149

Uborkás paradicsomos Datteri saláta 151

Grillezett padlizsán és kelbimbó saláta 153

Grillezett cukkini és spárga saláta 156

Grillezett padlizsán és karfiol saláta 158

Római saláta és sült sárgarépa saláta 160

Grillezett padlizsán és paradicsom saláta 162

Grillezett cukkini paradicsom és padlizsán saláta 164

Grillezett kelbimbó és padlizsán saláta 166

Grillezett spárga és padlizsán saláta 168

Zöldbab és grillezett brokkoli saláta 171

Saláta és grillezett sárgarépa saláta 173

Zöldbab és grillezett brokkoli saláta 175

Grillezett cukkini és endívia saláta 177

Grillezett karfiol és kelbimbó saláta 179

Grillezett padlizsán egyszerű saláta 181

Zöldbab és grillezett paradicsom saláta 183

Saláta és grillezett sárgarépa saláta 185

Grillezett endívia és padlizsán saláta 188

Grillezett paradicsom és karfiol saláta 190

Grillezett karfiol és kelbimbó saláta 192

Grillezett escarole, spárga és padlizsán saláta 195

Grillezett cukkinis és padlizsánspárga saláta 197

Grillezett spárga saláta kelbimbóval és cukkinivel 199

Grillezett cukkini és spárga saláta 201

Grillezett padlizsán és római saláta 204

Grillezett karfiol, escarole és zöldbab saláta 206

Padlizsán saláta karfiollal és grillezett paradicsommal 208

Padlizsán és grillezett escarole saláta 210

Thaiföldi mogyoró saláta saláta

Hozzávalók:

8 uncia vegán sajt
6-7 csésze vaj fejes saláta, 3 pakolás, vágva
1/4 uborka, hosszában félbevágva, majd vékonyra szeletelve
3 evőkanál apróra vágott metélőhagyma
16 koktélparadicsom
1/2 csésze földimogyoró
1/4 fehér hagyma, szeletelve
Só és bors ízlés szerint

Fűszerezés

1 kis medvehagyma, apróra vágva
2 evőkanál desztillált fehér ecet
1/4 csésze szezámmag olaj
1 evőkanál. Thai bors fokhagyma szósz

Készítmény

Keverje össze az összes fűszerezési hozzávalót egy robotgépben.

Ízesítsük a többi hozzávalóval és jól keverjük össze.

Saláta saláta metélőhagymával és pisztáciával

Hozzávalók:

7 csésze laza saláta, 3 csokor, meghámozva

1/4 európai vagy mag nélküli uborka, hosszában félbevágva, majd vékonyra szeletelve

3 evőkanál darált vagy darált metélőhagyma

16 szőlő

1/2 csésze pisztácia

1/4 hagyma, szeletelve

Só és bors ízlés szerint

6 uncia vegán sajt

Fűszerezés

1 szál apróra vágott petrezselyem

1 evőkanál desztillált fehér ecet

1/4 citrom kifacsart, kb 2 tk

1/4 csésze extra szűz olívaolaj

Készítmény

Keverje össze az összes fűszerezési hozzávalót egy robotgépben.

Ízesítsük a többi hozzávalóval és jól keverjük össze.

Vegán saláta, mandula és krémsajt saláta

Hozzávalók:

7 csésze Frisee saláta, 3 csokor, vágva

½ uborka, hosszában félbevágva, majd vékonyra szeletelve

3 evőkanál darált vagy darált metélőhagyma

16 koktélparadicsom

1/2 csésze szeletelt mandula

1/4 apróra vágott vöröshagyma

Só és bors ízlés szerint

7 uncia vegán krémsajt

Fűszerezés

1 kis medvehagyma, apróra vágva

1 evőkanál desztillált fehér ecet

1/4 citrom kifacsart, kb 2 tk

1/4 csésze extra szűz olívaolaj

1 evőkanál. Chimichurri szósz

Készítmény

Keverje össze az összes fűszerezési hozzávalót egy robotgépben.

Ízesítsük a többi hozzávalóval és jól keverjük össze.

boston saláta és paradicsom saláta

Hozzávalók:

6-7 csésze bostoni saláta, 3 csokor, meghámozva

1/4 uborka, hosszában félbevágva, majd vékonyra szeletelve

3 evőkanál darált vagy darált metélőhagyma

16 koktélparadicsom

1/2 csésze szeletelt mandula

1/4 apróra vágott vöröshagyma

Só és bors ízlés szerint

5 uncia vegán sajt

Fűszerezés

1 szál apróra vágott petrezselyem

1 evőkanál desztillált fehér ecet

1/4 citrom kifacsart, kb 2 tk

1/4 csésze extra szűz olívaolaj

Készítmény

Keverje össze az összes fűszerezési hozzávalót egy robotgépben.

Ízesítsük a többi hozzávalóval és jól keverjük össze.

Saláta és paradicsom korianderes vinaigrette-vel

Hozzávalók:
6-7 csésze jégsaláta, 3 fasírt, vágva
1/4 uborka, hosszában félbevágva, majd vékonyra szeletelve
3 evőkanál darált vagy darált metélőhagyma
16 koktélparadicsom
1/2 csésze szeletelt mandula
1/4 fehér hagyma, szeletelve
Só és bors ízlés szerint
8 uncia vegán sajt

Fűszerezés
1 szál koriander, apróra vágva
1 evőkanál desztillált fehér ecet
1/4 citrom kifacsart, kb 2 tk
1/4 csésze extra szűz olívaolaj

Készítmény
Keverje össze az összes fűszerezési hozzávalót egy robotgépben.

Ízesítsük a többi hozzávalóval és jól keverjük össze.

Vegyes zöldség-mandula saláta

Hozzávalók:

7 csésze mesclun, 3 csomag, vágva

1/4 uborka, hosszában félbevágva, majd vékonyra szeletelve

3 evőkanál darált vagy darált metélőhagyma

16 koktélparadicsom

1/2 csésze szeletelt mandula

1/4 fehér hagyma, szeletelve

Só és bors ízlés szerint

8 uncia vegán sajt

Fűszerezés

1 evőkanál desztillált fehér ecet

1/4 citrom kifacsart, kb 2 tk

1/4 csésze extra szűz olívaolaj

1 tk. angol mustár

Készítmény

Keverje össze az összes fűszerezési hozzávalót egy robotgépben.

Ízesítsük a többi hozzávalóval és jól keverjük össze.

Vegán Chervil és Ricotta saláta

Hozzávalók:

6-7 csésze Chervil, 3 csokor, vágva

1/4 uborka, hosszában félbevágva, majd vékonyra szeletelve

16 szőlő

1/2 csésze szeletelt mandula

1/4 fehér hagyma, szeletelve

Só és bors ízlés szerint

8 uncia ricotta tofu (Tofitti)

Fűszerezés

1 evőkanál desztillált fehér ecet

1/4 citrom kifacsart, kb 2 tk

1/4 csésze extra szűz olívaolaj

1 evőkanál. Chimichurri szósz

Készítmény

Keverje össze az összes fűszerezési hozzávalót egy robotgépben.

Ízesítsük a többi hozzávalóval és jól keverjük össze.

Diós és parmezán saláta

Hozzávalók:

6-7 csésze saláta, 3 fasírt, vágva

1/4 uborka, hosszában félbevágva, majd vékonyra szeletelve

3 evőkanál darált vagy darált metélőhagyma

16 tomatillo, felezve

1/2 csésze dió

1/4 apróra vágott vöröshagyma

Só és bors ízlés szerint

Vegán Parmigiano Reggiano (angyal étel)

Fűszerezés

1 evőkanál desztillált fehér ecet

1/4 citrom kifacsart, kb 2 tk

1/4 csésze extra szűz olívaolaj

1 tk. Majonéz tojás nélkül

Készítmény

Keverje össze az összes fűszerezési hozzávalót egy robotgépben.

Ízesítsük a többi hozzávalóval és jól keverjük össze.

Vegán paradicsomos és ricotta endívia saláta

Hozzávalók:

6-7 csésze endívia saláta, 3 fasírt, vágva

1/4 uborka, hosszában félbevágva, majd vékonyra szeletelve

3 evőkanál darált vagy darált metélőhagyma

16 zöld tomatillo, félbevágva

1/2 csésze szeletelt mandula

1/4 fehér hagyma, szeletelve

Só és bors ízlés szerint

8 uncia ricotta tofu (Tofitti)

Fűszerezés

1 evőkanál desztillált fehér ecet

1/4 citrom kifacsart, kb 2 tk

1/4 csésze extra szűz olívaolaj

1 tk. dijoni mustár

Készítmény

Keverje össze az összes fűszerezési hozzávalót egy robotgépben.

Ízesítsük a többi hozzávalóval és jól keverjük össze.

Vegán kelkáposzta és parmezán saláta

Hozzávalók:

6-7 csésze káposzta saláta, 3 pakolás, vágva

1/4 uborka, hosszában félbevágva, majd vékonyra szeletelve

3 evőkanál darált vagy darált metélőhagyma

16 koktélparadicsom

1/2 csésze szeletelt mandula

1/4 fehér hagyma, szeletelve

Só és bors ízlés szerint

Vegán Parmigiano Reggiano (angyal étel)

Fűszerezés

1 szál koriander, apróra vágva

1 evőkanál desztillált fehér ecet

1/4 citrom kifacsart, kb 2 tk

1/4 csésze extra szűz olívaolaj

1 tk. Majonéz tojás nélkül

Készítmény

Keverje össze az összes fűszerezési hozzávalót egy robotgépben.

Ízesítsük a többi hozzávalóval és jól keverjük össze.

Spenótos paradicsom és mandulasaláta

Hozzávalók:

6-7 csésze spenótos saláta, 3 fasírt, vágva

1/4 uborka, hosszában félbevágva, majd vékonyra szeletelve

3 evőkanál darált vagy darált metélőhagyma

16 tomatillo, felezve

1/2 csésze szeletelt mandula

1/4 fehér hagyma, szeletelve

Só és bors ízlés szerint

8 uncia vegán sajt

Fűszerezés

1 szál koriander, apróra vágva

1 evőkanál desztillált fehér ecet

1/4 citrom kifacsart, kb 2 tk

1/4 csésze extra szűz olívaolaj

1 tk. angol mustár

Készítmény

Keverje össze az összes fűszerezési hozzávalót egy robotgépben.

Ízesítsük a többi hozzávalóval és jól keverjük össze.

Kelkáposzta és mandula saláta

Hozzávalók:

6-7 csésze kelkáposzta, 3 pakolás, vágva

1/4 uborka, hosszában félbevágva, majd vékonyra szeletelve

3 evőkanál darált vagy darált metélőhagyma

16 koktélparadicsom

1/2 csésze szeletelt mandula

1/4 fehér hagyma, szeletelve

Só és bors ízlés szerint

8 uncia vegán sajt

Fűszerezés

1 szál koriander, apróra vágva

1 evőkanál desztillált fehér ecet

1/4 citrom kifacsart, kb 2 tk

1/4 csésze extra szűz olívaolaj

1 tk. angol mustár

Készítmény

Keverje össze az összes fűszerezési hozzávalót egy robotgépben.

Ízesítsük a többi hozzávalóval és jól keverjük össze.

Vegyes saláta zöldmandulából és vegán ricottából

Hozzávalók:

6-7 csésze mesclun, 3 csomag, vágva

1/4 uborka, hosszában félbevágva, majd vékonyra szeletelve

3 evőkanál darált vagy darált metélőhagyma

16 zöld tomatillo, félbevágva

1/2 csésze szeletelt mandula

1/4 fehér hagyma, szeletelve

Só és bors ízlés szerint

8 uncia ricotta tofu (Tofitti)

Fűszerezés

1 evőkanál desztillált fehér ecet

1/4 citrom kifacsart, kb 2 tk

1/4 csésze extra szűz olívaolaj

1 tk. dijoni mustár

Készítmény

Keverje össze az összes fűszerezési hozzávalót egy robotgépben.

Ízesítsük a többi hozzávalóval és jól keverjük össze.

Escarole paradicsom és mandula saláta

Hozzávalók:

6-7 csésze escarole, 3 csokor, vágva

1/4 uborka, hosszában félbevágva, majd vékonyra szeletelve

3 evőkanál darált vagy darált metélőhagyma

16 koktélparadicsom

1/2 csésze szeletelt mandula

1/4 fehér hagyma, szeletelve

Só és bors ízlés szerint

Vegán Parmigiano Reggiano (angyal étel)

Fűszerezés

1 szál koriander, apróra vágva

1 evőkanál desztillált fehér ecet

1/4 citrom kifacsart, kb 2 tk

1/4 csésze extra szűz olívaolaj

1 tk. angol mustár

Készítmény

Keverje össze az összes fűszerezési hozzávalót egy robotgépben.

Ízesítsük a többi hozzávalóval és jól keverjük össze.

Kelkáposzta és mandula saláta

Hozzávalók:

6-7 csésze kelkáposzta, 3 pakolás, vágva
1/4 uborka, hosszában félbevágva, majd vékonyra szeletelve
3 evőkanál darált vagy darált metélőhagyma
16 tomatillo, felezve
1/2 csésze szeletelt mandula
1/4 fehér hagyma, szeletelve
Só és bors ízlés szerint
8 uncia ricotta tofu (Tofitti)

Fűszerezés

1 evőkanál desztillált fehér ecet
1/4 citrom kifacsart, kb 2 tk
1/4 csésze extra szűz olívaolaj
1 tk. Majonéz tojás nélkül

Készítmény

Keverje össze az összes fűszerezési hozzávalót egy robotgépben.

Ízesítsük a többi hozzávalóval és jól keverjük össze.

Endívia saláta mandulával és paradicsommal

Hozzávalók:

6-7 csésze endívia, 3 köteg, vágva

1/4 uborka, hosszában félbevágva, majd vékonyra szeletelve

3 evőkanál darált vagy darált metélőhagyma

16 koktélparadicsom

1/2 csésze szeletelt mandula

1/4 fehér hagyma, szeletelve

Só és bors ízlés szerint

8 uncia vegán sajt

Fűszerezés

1 szál koriander, apróra vágva

1 evőkanál desztillált fehér ecet

1/4 citrom kifacsart, kb 2 tk

1/4 csésze extra szűz olívaolaj

1 tk. angol mustár

Készítmény

Keverje össze az összes fűszerezési hozzávalót egy robotgépben.

Ízesítsük a többi hozzávalóval és jól keverjük össze.

Endívia paradicsom-mandula saláta

Hozzávalók:

6-7 csésze escarole, 3 csokor, vágva

1/4 uborka, hosszában félbevágva, majd vékonyra szeletelve

3 evőkanál darált vagy darált metélőhagyma

16 tomatillo, felezve

1/2 csésze szeletelt mandula

1/4 fehér hagyma, szeletelve

Só és bors ízlés szerint

Vegán Parmigiano Reggiano (angyal étel)

Fűszerezés

1 evőkanál desztillált fehér ecet

1/4 citrom kifacsart, kb 2 tk

1/4 csésze extra szűz olívaolaj

1 tk. dijoni mustár

Készítmény

Keverje össze az összes fűszerezési hozzávalót egy robotgépben.

Ízesítsük a többi hozzávalóval és jól keverjük össze.

Mandula és cseresznye paradicsom saláta

Hozzávalók:

6-7 csésze saláta, 3 fasírt, vágva

1/4 uborka, hosszában félbevágva, majd vékonyra szeletelve

3 evőkanál darált vagy darált metélőhagyma

16 koktélparadicsom

1/2 csésze szeletelt mandula

1/4 fehér hagyma, szeletelve

Só és bors ízlés szerint

8 uncia ricotta tofu (Tofitti)

Fűszerezés

1 szál koriander, apróra vágva

1 evőkanál desztillált fehér ecet

1/4 citrom kifacsart, kb 2 tk

1/4 csésze extra szűz olívaolaj

1 tk. angol mustár

Készítmény

Keverje össze az összes fűszerezési hozzávalót egy robotgépben.

Ízesítsük a többi hozzávalóval és jól keverjük össze.

Vegán paradicsomsaláta spenóttal és parmezánnal

Hozzávalók:

6-7 csésze spenótos saláta, 3 fasírt, vágva

1/4 uborka, hosszában félbevágva, majd vékonyra szeletelve

3 evőkanál darált vagy darált metélőhagyma

16 tomatillo, felezve

1/2 csésze szeletelt mandula

1/4 fehér hagyma, szeletelve

Só és bors ízlés szerint

Vegán Parmigiano Reggiano (angyal étel)

Fűszerezés

1 szál koriander, apróra vágva

1 evőkanál desztillált fehér ecet

1/4 citrom kifacsart, kb 2 tk

1/4 csésze extra szűz olívaolaj

1 tk. Majonéz tojás nélkül

Készítmény

Keverje össze az összes fűszerezési hozzávalót egy robotgépben.

Ízesítsük a többi hozzávalóval és jól keverjük össze.

Vegán kelkáposzta és parmezán saláta

Hozzávalók:

6-7 csésze káposzta saláta, 3 pakolás, vágva

1/4 uborka, hosszában félbevágva, majd vékonyra szeletelve

3 evőkanál darált vagy darált metélőhagyma

16 koktélparadicsom

1/2 csésze szeletelt mandula

1/4 fehér hagyma, szeletelve

Só és bors ízlés szerint

Vegán Parmigiano Reggiano (angyal étel)

Fűszerezés

1 szál koriander, apróra vágva

1 evőkanál desztillált fehér ecet

1/4 citrom kifacsart, kb 2 tk

1/4 csésze extra szűz olívaolaj

1 tk. angol mustár

Készítmény

Keverje össze az összes fűszerezési hozzávalót egy robotgépben.

Ízesítsük a többi hozzávalóval és jól keverjük össze.

Vegán ricotta és vegyes zöldséges paradicsom saláta

Hozzávalók:

6-7 csésze mesclun, 3 csomag, vágva

1/4 uborka, hosszában félbevágva, majd vékonyra szeletelve

3 evőkanál darált vagy darált metélőhagyma

16 zöld tomatillo, félbevágva

1/2 csésze szeletelt mandula

1/4 fehér hagyma, szeletelve

Só és bors ízlés szerint

8 uncia ricotta tofu (Tofitti)

Fűszerezés

1 szál koriander, apróra vágva

1 evőkanál desztillált fehér ecet

1/4 citrom kifacsart, kb 2 tk

1/4 csésze extra szűz olívaolaj

Készítmény

Keverje össze az összes fűszerezési hozzávalót egy robotgépben.

Ízesítsük a többi hozzávalóval és jól keverjük össze.

Cikória saláta mandulával és vegán ricottával

Hozzávalók:

6-7 csésze endívia, 3 köteg, vágva

1/4 uborka, hosszában félbevágva, majd vékonyra szeletelve

3 evőkanál darált vagy darált metélőhagyma

16 tomatillo, felezve

1/2 csésze szeletelt mandula

1/4 fehér hagyma, szeletelve

Só és bors ízlés szerint

8 uncia ricotta tofu (Tofitti)

Fűszerezés

1 evőkanál desztillált fehér ecet

1/4 citrom kifacsart, kb 2 tk

1/4 csésze extra szűz olívaolaj

1 tk. dijoni mustár

Készítmény

Keverje össze az összes fűszerezési hozzávalót egy robotgépben.

Ízesítsük a többi hozzávalóval és jól keverjük össze.

Escarole paradicsom és mandula saláta

Hozzávalók:

6-7 csésze escarole, 3 csokor, vágva

1/4 uborka, hosszában félbevágva, majd vékonyra szeletelve

3 evőkanál darált vagy darált metélőhagyma

16 koktélparadicsom

1/2 csésze szeletelt mandula

1/4 fehér hagyma, szeletelve

Só és bors ízlés szerint

8 uncia vegán sajt

Fűszerezés

1 szál koriander, apróra vágva

1 evőkanál desztillált fehér ecet

1/4 citrom kifacsart, kb 2 tk

1/4 csésze extra szűz olívaolaj

1 tk. Majonéz tojás nélkül

Készítmény

Keverje össze az összes fűszerezési hozzávalót egy robotgépben.

Ízesítsük a többi hozzávalóval és jól keverjük össze.

Spenót, cukkini és mandula saláta

Hozzávalók:

6-7 csésze spenót, 3 csokor, apróra vágva
¼ cukkini, hosszában félbevágva, majd vékonyra szeletelve
3 evőkanál darált vagy darált metélőhagyma
16 koktélparadicsom
1/2 csésze szeletelt mandula
1/4 fehér hagyma, szeletelve
Só és bors ízlés szerint
8 uncia vegán sajt

Fűszerezés

1 evőkanál desztillált fehér ecet
1/4 citrom kifacsart, kb 2 tk
1/4 csésze extra szűz olívaolaj
1 tk. pesto szósz

Készítmény

Keverje össze az összes fűszerezési hozzávalót egy robotgépben.

Ízesítsük a többi hozzávalóval és jól keverjük össze.

Kelkáposzta, uborka, paradicsom és tofu saláta

Hozzávalók:

6-7 csésze kelkáposzta, 3 pakolás, vágva

1/4 uborka, hosszában félbevágva, majd vékonyra szeletelve

3 evőkanál darált vagy darált metélőhagyma

16 zöld tomatillo, félbevágva

1/2 csésze szeletelt mandula

1/4 fehér hagyma, szeletelve

Só és bors ízlés szerint

8 uncia ricotta tofu (Tofitti)

Fűszerezés

1 szál koriander, apróra vágva

1 evőkanál desztillált fehér ecet

1/4 citrom kifacsart, kb 2 tk

1/4 csésze extra szűz olívaolaj

1 tk. angol mustár

Készítmény

Keverje össze az összes fűszerezési hozzávalót egy robotgépben.

Ízesítsük a többi hozzávalóval és jól keverjük össze.

Vegyes mandula és tofu ricotta saláta

Hozzávalók:

6-7 csésze mesclun, 3 csomag, vágva

1/4 uborka, hosszában félbevágva, majd vékonyra szeletelve

3 evőkanál darált vagy darált metélőhagyma

16 tomatillo, felezve

1/2 csésze szeletelt mandula

1/4 fehér hagyma, szeletelve

Só és bors ízlés szerint

8 uncia ricotta tofu (Tofitti)

Fűszerezés

1 szál koriander, apróra vágva

1 evőkanál desztillált fehér ecet

1/4 citrom kifacsart, kb 2 tk

1/4 csésze extra szűz olívaolaj

1 tk. Majonéz tojás nélkül

Készítmény

Keverje össze az összes fűszerezési hozzávalót egy robotgépben.

Ízesítsük a többi hozzávalóval és jól keverjük össze.

Vegán kelkáposzta és parmezán saláta

Hozzávalók:

6-7 csésze kelkáposzta, 3 pakolás, vágva

1/4 uborka, hosszában félbevágva, majd vékonyra szeletelve

3 evőkanál darált vagy darált metélőhagyma

16 koktélparadicsom

1/2 csésze szeletelt mandula

1/4 fehér hagyma, szeletelve

Só és bors ízlés szerint

Vegán Parmigiano Reggiano (angyal étel)

Fűszerezés

1 szál koriander, apróra vágva

1 evőkanál desztillált fehér ecet

1/4 citrom kifacsart, kb 2 tk

1/4 csésze extra szűz olívaolaj

1 tk. angol mustár

Készítmény

Keverje össze az összes fűszerezési hozzávalót egy robotgépben.

Ízesítsük a többi hozzávalóval és jól keverjük össze.

Vegán parmezán paradicsom és cseresznye saláta

Hozzávalók:

6-7 csésze Chervil, 3 csokor, vágva

1/4 uborka, hosszában félbevágva, majd vékonyra szeletelve

3 evőkanál darált vagy darált metélőhagyma

16 koktélparadicsom

1/2 csésze szeletelt mandula

1/4 fehér hagyma, szeletelve

Só és bors ízlés szerint

Vegán Parmigiano Reggiano (angyal étel)

Fűszerezés

1 szál koriander, apróra vágva

1 evőkanál desztillált fehér ecet

1/4 citrom kifacsart, kb 2 tk

1/4 csésze extra szűz olívaolaj

1 tk. angol mustár

Készítmény

Keverje össze az összes fűszerezési hozzávalót egy robotgépben.

Ízesítsük a többi hozzávalóval és jól keverjük össze.

Tofu Ricotta és paradicsomos saláta saláta

Hozzávalók:

6-7 csésze saláta, 3 fasírt, vágva

1/4 uborka, hosszában félbevágva, majd vékonyra szeletelve

3 evőkanál darált vagy darált metélőhagyma

16 zöld tomatillo, félbevágva

1/2 csésze szeletelt mandula

1/4 fehér hagyma, szeletelve

Só és bors ízlés szerint

8 uncia ricotta tofu (Tofitti)

Fűszerezés

1 szál koriander, apróra vágva

1 evőkanál desztillált fehér ecet

1/4 citrom kifacsart, kb 2 tk

1/4 csésze extra szűz olívaolaj

1 tk. Majonéz tojás nélkül

Készítmény

Keverje össze az összes fűszerezési hozzávalót egy robotgépben.

Ízesítsük a többi hozzávalóval és jól keverjük össze.

Spenót, paradicsom és mandula saláta

Hozzávalók:

6-7 csésze spenót, 3 csokor, apróra vágva

1/4 uborka, hosszában félbevágva, majd vékonyra szeletelve

3 evőkanál darált vagy darált metélőhagyma

16 koktélparadicsom

1/2 csésze szeletelt mandula

1/4 fehér hagyma, szeletelve

Só és bors ízlés szerint

8 uncia vegán sajt

Fűszerezés

1 szál koriander, apróra vágva

1 evőkanál desztillált fehér ecet

1/4 citrom kifacsart, kb 2 tk

1/4 csésze extra szűz olívaolaj

1 tk. angol mustár

Készítmény

Keverje össze az összes fűszerezési hozzávalót egy robotgépben.

Ízesítsük a többi hozzávalóval és jól keverjük össze.

Vegán saláta Parmigiano Reggiano és Napa kelkáposzta Tomatillo saláta

Hozzávalók:

6-7 csésze nappa káposzta, 3 csokor, vágva
1/4 uborka, hosszában félbevágva, majd vékonyra szeletelve
3 evőkanál darált vagy darált metélőhagyma
16 tomatillo, felezve
1/2 csésze szeletelt mandula
1/4 fehér hagyma, szeletelve
Só és bors ízlés szerint
Vegán Parmigiano Reggiano (angyal étel)

Fűszerezés

1 szál koriander, apróra vágva
1 evőkanál desztillált fehér ecet
1/4 citrom kifacsart, kb 2 tk
1/4 csésze extra szűz olívaolaj

Készítmény

Keverje össze az összes fűszerezési hozzávalót egy robotgépben.

Ízesítsük a többi hozzávalóval és jól keverjük össze.

Cikória, paradicsom és mandula saláta

Hozzávalók:
6-7 csésze radicchio, 3 csokor, vágva
1/4 uborka, hosszában félbevágva, majd vékonyra szeletelve
3 evőkanál darált vagy darált metélőhagyma
16 zöld tomatillo, félbevágva
1/2 csésze szeletelt mandula
1/4 fehér hagyma, szeletelve
Só és bors ízlés szerint
Vegán Parmigiano Reggiano (angyal étel)

Fűszerezés
1 szál koriander, apróra vágva
1 evőkanál desztillált fehér ecet
1/4 citrom kifacsart, kb 2 tk
1/4 csésze extra szűz olívaolaj
1 tk. angol mustár

Készítmény
Keverje össze az összes fűszerezési hozzávalót egy robotgépben.

Ízesítsük a többi hozzávalóval és jól keverjük össze.

Ricotta saláta kelkáposztával és tofuval

Hozzávalók:

6-7 csésze kelkáposzta, 3 pakolás, vágva

1/4 uborka, hosszában félbevágva, majd vékonyra szeletelve

3 evőkanál darált vagy darált metélőhagyma

16 koktélparadicsom

1/2 csésze szeletelt mandula

1/4 fehér hagyma, szeletelve

Só és bors ízlés szerint

8 uncia ricotta tofu (Tofitti)

Fűszerezés

1 szál koriander, apróra vágva

1 evőkanál desztillált fehér ecet

1/4 citrom kifacsart, kb 2 tk

1/4 csésze extra szűz olívaolaj

1 tk. Majonéz tojás nélkül

Készítmény

Keverje össze az összes fűszerezési hozzávalót egy robotgépben.

Ízesítsük a többi hozzávalóval és jól keverjük össze.

Tofu, paradicsom és ricotta saláta

Hozzávalók:

6-7 csésze nappa káposzta, 3 csokor, vágva
1/4 uborka, hosszában félbevágva, majd vékonyra szeletelve
3 evőkanál darált vagy darált metélőhagyma
16 koktélparadicsom
1/2 csésze szeletelt mandula
1/4 fehér hagyma, szeletelve
Só és bors ízlés szerint
8 uncia ricotta tofu (Tofitti)

Fűszerezés

1 szál koriander, apróra vágva
1 evőkanál desztillált fehér ecet
1/4 citrom kifacsart, kb 2 tk
1/4 csésze extra szűz olívaolaj

Készítmény

Keverje össze az összes fűszerezési hozzávalót egy robotgépben.

Ízesítsük a többi hozzávalóval és jól keverjük össze.

Céklás paradicsom és vegán sajt saláta

Hozzávalók:

6-7 csésze mángold, 3 csokor, meghámozva

1/4 uborka, hosszában félbevágva, majd vékonyra szeletelve

3 evőkanál darált vagy darált metélőhagyma

16 tomatillo, felezve

1/2 csésze szeletelt mandula

1/4 fehér hagyma, szeletelve

Só és bors ízlés szerint

8 uncia vegán sajt

Fűszerezés

1 szál koriander, apróra vágva

1 evőkanál desztillált fehér ecet

1/4 citrom kifacsart, kb 2 tk

1/4 csésze extra szűz olívaolaj

1 tk. angol mustár

Készítmény

Keverje össze az összes fűszerezési hozzávalót egy robotgépben.

Ízesítsük a többi hozzávalóval és jól keverjük össze.

Szuperkönnyű római saláta saláta

Hozzávalók:

1 fej római saláta, megmosva, megöntözve és apróra vágva

Fűszerezés

1/2 csésze fehérborecet
1 evőkanál extra szűz olívaolaj
frissen őrölt fekete bors
3/4 csésze finomra vágott mandula
Tengeri só

Készítmény

Keverje össze az összes fűszerezési hozzávalót egy robotgépben.

Ízesítsük a többi hozzávalóval és jól keverjük össze.

Finom és könnyű saláta saláta

Hozzávalók:

1 fej saláta, megmosva, megkenve és feldarabolva

Fűszerezés

2 evőkanál. fehér borecet

4 evőkanál makadámiaolaj

frissen őrölt fekete bors

3/4 csésze finomra őrölt földimogyoró

Tengeri só

Készítmény

Keverje össze az összes fűszerezési hozzávalót egy robotgépben.

Ízesítsük a többi hozzávalóval és jól keverjük össze.

Egyszerű bostoni saláta

Hozzávalók:

1 fej boston saláta, megmosva, megöntözve és apróra vágva

Fűszerezés

2 evőkanál. Almaecet

4 evőkanál olívaolaj

frissen őrölt fekete bors

3/4 csésze darált dió

Tengeri só

Készítmény

Keverje össze az összes fűszerezési hozzávalót egy robotgépben.

Ízesítsük a többi hozzávalóval és jól keverjük össze.

Könnyű vegyes zöldségsaláta

Hozzávalók:

Egy marék Mesclun, megmosva, szétterítve és apróra vágva

Fűszerezés

2 evőkanál. Almaecet
4 evőkanál olívaolaj
frissen őrölt fekete bors
3/4 csésze finomra őrölt mogyoró
Tengeri só

Készítmény

Keverje össze az összes fűszerezési hozzávalót egy robotgépben.

Ízesítsük a többi hozzávalóval és jól keverjük össze.

Washingtoni saláta saláta

Hozzávalók:

1 fej saláta, megmosva, megkenve és feldarabolva

Fűszerezés

2 evőkanál. balzsamecet
4 evőkanál extra szűz olívaolaj
frissen őrölt fekete bors
3/4 csésze finomra őrölt földimogyoró
Tengeri só

Készítmény

Keverje össze az összes fűszerezési hozzávalót egy robotgépben.

Ízesítsük a többi hozzávalóval és jól keverjük össze.

Bostoni saláta saláta balzsammázzal

Hozzávalók:

1 fej boston saláta, megmosva, megöntözve és apróra vágva

Fűszerezés

2 evőkanál. balzsamecet
4 evőkanál makadámiaolaj
frissen őrölt fekete bors
3/4 csésze finomra vágott mandula
Tengeri só

Készítmény

Keverje össze az összes fűszerezési hozzávalót egy robotgépben.

Ízesítsük a többi hozzávalóval és jól keverjük össze.

egyszerű endívia saláta

Hozzávalók:

1 fej escarole, megmosva, megkenve és apróra vágva

Fűszerezés

2 evőkanál. fehér borecet
4 evőkanál extra szűz olívaolaj
frissen őrölt fekete bors
3/4 csésze darált dió
Tengeri só

Készítmény

Keverje össze az összes fűszerezési hozzávalót egy robotgépben.

Ízesítsük a többi hozzávalóval és jól keverjük össze.

Vegyes zöldségsaláta

Hozzávalók:

Egy marék Mesclun, megmosva, szétterítve és apróra vágva

Fűszerezés

2 evőkanál. desztillált fehér ecet

4 evőkanál extra szűz olívaolaj

frissen őrölt fekete bors

3/4 csésze finomra őrölt kesudió

Tengeri só

Készítmény

Keverje össze az összes fűszerezési hozzávalót egy robotgépben.

Ízesítsük a többi hozzávalóval és jól keverjük össze.

Boston földimogyoró saláta saláta

Hozzávalók:

1 fej boston saláta, megmosva, megöntözve és apróra vágva

Fűszerezés

2 evőkanál. Almaecet
4 evőkanál olívaolaj
frissen őrölt fekete bors
3/4 csésze finomra őrölt földimogyoró
Tengeri só

Készítmény

Keverje össze az összes fűszerezési hozzávalót egy robotgépben.

Ízesítsük a többi hozzávalóval és jól keverjük össze.

Boston saláta balzsammázzal

Hozzávalók:

1 fej boston saláta, megmosva, megöntözve és apróra vágva

Fűszerezés

2 evőkanál. balzsamecet
4 evőkanál makadámiaolaj
frissen őrölt fekete bors
3/4 csésze finomra őrölt mogyoró
Tengeri só

Készítmény

Keverje össze az összes fűszerezési hozzávalót egy robotgépben.

Ízesítsük a többi hozzávalóval és jól keverjük össze.

Saláta diós vinaigrette-vel

Hozzávalók:
1 fej saláta, megmosva, megkenve és feldarabolva

Fűszerezés
2 evőkanál. desztillált fehér ecet
4 evőkanál extra szűz olívaolaj
frissen őrölt fekete bors
3/4 csésze darált dió
Tengeri só

Készítmény

Keverje össze az összes fűszerezési hozzávalót egy robotgépben.

Ízesítsük a többi hozzávalóval és jól keverjük össze.

Romaine saláta mogyorós vinaigrette-vel

Hozzávalók:

1 fej római saláta, megmosva, megöntözve és apróra vágva

Fűszerezés

2 evőkanál. Almaecet

4 evőkanál extra szűz olívaolaj

frissen őrölt fekete bors

3/4 csésze finomra őrölt mogyoró

Tengeri só

Készítmény

Keverje össze az összes fűszerezési hozzávalót egy robotgépben.

Ízesítsük a többi hozzávalóval és jól keverjük össze.

Vegyes zöldségsaláta mandula vinaigrette-vel

Hozzávalók:

Egy marék Mesclun, megmosva, szétterítve és apróra vágva

Fűszerezés

2 evőkanál. fehér borecet
4 evőkanál olívaolaj
frissen őrölt fekete bors
3/4 csésze finomra vágott mandula
Tengeri só

Készítmény

Keverje össze az összes fűszerezési hozzávalót egy robotgépben.

Ízesítsük a többi hozzávalóval és jól keverjük össze.

Escarole mogyoró salátával és balzsamos vinaigrette-vel

Hozzávalók:

1 fej escarole, megmosva, megkenve és apróra vágva

Fűszerezés

2 evőkanál. balzsamecet
4 evőkanál extra szűz olívaolaj
frissen őrölt fekete bors
3/4 csésze finomra őrölt földimogyoró
Tengeri só

Készítmény

Keverje össze az összes fűszerezési hozzávalót egy robotgépben.

Ízesítsük a többi hozzávalóval és jól keverjük össze.

Saláta kesudiós vinaigrette-vel

Hozzávalók:

1 fej saláta, megmosva, megkenve és feldarabolva

Fűszerezés

2 evőkanál. desztillált fehér ecet
4 evőkanál makadámiaolaj
frissen őrölt fekete bors
3/4 csésze finomra őrölt kesudió
Tengeri só

Készítmény

Keverje össze az összes fűszerezési hozzávalót egy robotgépben.

Ízesítsük a többi hozzávalóval és jól keverjük össze.

Római saláta saláta diós vinaigrette-vel

Hozzávalók:

1 fej római saláta, megmosva, megöntözve és apróra vágva

Fűszerezés

2 evőkanál. vörösborecet
1 evőkanál extra szűz olívaolaj
frissen őrölt fekete bors
3/4 csésze darált dió
Tengeri só

Készítmény

Keverje össze az összes fűszerezési hozzávalót egy robotgépben.

Ízesítsük a többi hozzávalóval és jól keverjük össze.

Vegyes zöldségsaláta mandula vinaigrette-vel

Hozzávalók:

Egy marék Mesclun, megmosva, szétterítve és apróra vágva

Fűszerezés

2 evőkanál. balzsamecet
1 evőkanál extra szűz olívaolaj
frissen őrölt fekete bors
3/4 csésze finomra vágott mandula
Tengeri só

Készítmény

Keverje össze az összes fűszerezési hozzávalót egy robotgépben.

Ízesítsük a többi hozzávalóval és jól keverjük össze.

Romaine saláta saláta kesudió vinaigrette-vel

Hozzávalók:
1 fej római saláta, megmosva, megöntözve és apróra vágva

Fűszerezés
2 evőkanál. Almaecet
4 evőkanál olívaolaj
frissen őrölt fekete bors
3/4 csésze finomra őrölt kesudió
Tengeri só

Készítmény

Keverje össze az összes fűszerezési hozzávalót egy robotgépben.

Ízesítsük a többi hozzávalóval és jól keverjük össze.

Escarole saláta mogyorós vinaigrette-vel

Hozzávalók:

1 fej escarole, megmosva, megkenve és apróra vágva

Fűszerezés

2 evőkanál. fehér borecet
4 evőkanál extra szűz olívaolaj
frissen őrölt fekete bors
3/4 csésze finomra őrölt mogyoró
Tengeri só

Készítmény

Keverje össze az összes fűszerezési hozzávalót egy robotgépben.

Ízesítsük a többi hozzávalóval és jól keverjük össze.

Saláta mogyorós vinaigrette-vel

Hozzávalók:
1 fej saláta, megmosva, megkenve és feldarabolva

Fűszerezés
2 evőkanál. desztillált fehér ecet

4 evőkanál makadámiaolaj

frissen őrölt fekete bors

3/4 csésze finomra őrölt földimogyoró

Tengeri só

Készítmény

Keverje össze az összes fűszerezési hozzávalót egy robotgépben.

Ízesítsük a többi hozzávalóval és jól keverjük össze.

Boston grillezett saláta saláta

Hozzávalók:

1 fej boston saláta, megmosva, megöntözve és apróra vágva

Fűszerezés

2 evőkanál. fehér borecet
4 evőkanál extra szűz olívaolaj
frissen őrölt fekete bors
3/4 csésze finomra vágott mandula
Tengeri só

Készítmény

Grill salátát és/vagy zöldségeket közepes lángon, amíg enyhén megpirul.

Keverje össze az összes fűszerezési hozzávalót egy robotgépben.

Ízesítsük a többi hozzávalóval és jól keverjük össze.

Roston sült római saláta saláta

Hozzávalók:
1 fej római saláta, megmosva, megöntözve és apróra vágva

Fűszerezés
2 evőkanál. balzsamecet
4 evőkanál extra szűz olívaolaj
frissen őrölt fekete bors
3/4 csésze finomra őrölt földimogyoró
Tengeri só

Készítmény
Grill salátát és/vagy zöldségeket közepes lángon, amíg enyhén megpirul.

Keverje össze az összes fűszerezési hozzávalót egy robotgépben.

Ízesítsük a többi hozzávalóval és jól keverjük össze.

Roston sült római saláta és kesudió-vinaigrette saláta

Hozzávalók:

1 fej római saláta, megmosva, megöntözve és apróra vágva

Fűszerezés

2 evőkanál. vörösborecet
4 evőkanál olívaolaj
frissen őrölt fekete bors
3/4 csésze finomra őrölt kesudió
Tengeri só

Készítmény

Grill salátát és/vagy zöldségeket közepes lángon, amíg enyhén megpirul.

Keverje össze az összes fűszerezési hozzávalót egy robotgépben.

Ízesítsük a többi hozzávalóval és jól keverjük össze.

Grillezett Romaine saláta mandula vinaigrette-vel

Hozzávalók:
1 fej római saláta, megmosva, megöntözve és apróra vágva

Fűszerezés
2 evőkanál. vörösborecet

4 evőkanál extra szűz olívaolaj

frissen őrölt fekete bors

3/4 csésze finomra vágott mandula

Tengeri só

Készítmény
Grill salátát és/vagy zöldségeket közepes lángon, amíg enyhén megpirul.

Keverje össze az összes fűszerezési hozzávalót egy robotgépben.

Ízesítsük a többi hozzávalóval és jól keverjük össze.

Grillezett napa káposzta kesudiós vinaigrette-vel

Hozzávalók:

1 fej Napa káposzta, megmosva, megöntözve és apróra vágva

½ csésze kapribogyó

Fűszerezés

2 evőkanál. balzsamecet

4 evőkanál makadámiaolaj

frissen őrölt fekete bors

3/4 csésze finomra őrölt kesudió

Tengeri só

Készítmény

Grill salátát és/vagy zöldségeket közepes lángon, amíg enyhén megpirul.

Keverje össze az összes fűszerezési hozzávalót egy robotgépben.

Ízesítsük a többi hozzávalóval és jól keverjük össze.

Roston sült bostoni saláta és kesudió-vinaigrette saláta

Hozzávalók:
1 fej boston saláta, megmosva, megöntözve és apróra vágva
½ csésze zöld olajbogyó

Fűszerezés
2 evőkanál. fehér borecet
4 evőkanál extra szűz olívaolaj
frissen őrölt fekete bors
3/4 csésze finomra őrölt kesudió
Tengeri só

Készítmény
Grill salátát és/vagy zöldségeket közepes lángon, amíg enyhén megpirul.

Keverje össze az összes fűszerezési hozzávalót egy robotgépben.

Ízesítsük a többi hozzávalóval és jól keverjük össze.

Roston sült római saláta és zöld olíva saláta

Hozzávalók:

1 fej római saláta, megmosva, megöntözve és apróra vágva
½ csésze zöld olajbogyó

Fűszerezés

2 evőkanál. Almaecet
4 evőkanál olívaolaj
frissen őrölt fekete bors
3/4 csésze darált dió
Tengeri só

Készítmény

Grill salátát és/vagy zöldségeket közepes lángon, amíg enyhén megpirul.

Keverje össze az összes fűszerezési hozzávalót egy robotgépben.

Ízesítsük a többi hozzávalóval és jól keverjük össze.

Grillezett saláta és zöld olíva saláta

Hozzávalók:
1 fej saláta, megmosva, megkenve és feldarabolva
½ csésze zöld olajbogyó

Fűszerezés
2 evőkanál. vörösborecet
4 evőkanál extra szűz olívaolaj
frissen őrölt fekete bors
3/4 csésze finomra vágott mandula
Tengeri só

Készítmény
Grill salátát és/vagy zöldségeket közepes lángon, amíg enyhén megpirul.

Keverje össze az összes fűszerezési hozzávalót egy robotgépben.

Ízesítsük a többi hozzávalóval és jól keverjük össze.

Roston sült római saláta és zöld kapriboláta

Hozzávalók:

1 fej római saláta, megmosva, megöntözve és apróra vágva

½ csésze zöld kapribogyó

Fűszerezés

2 evőkanál. Almaecet

4 evőkanál extra szűz olívaolaj

frissen őrölt fekete bors

3/4 csésze finomra őrölt földimogyoró

Tengeri só

Készítmény

Grill salátát és/vagy zöldségeket közepes lángon, amíg enyhén megpirul.

Keverje össze az összes fűszerezési hozzávalót egy robotgépben.

Ízesítsük a többi hozzávalóval és jól keverjük össze.

Roston sült római saláta és kaproboláta

Hozzávalók:

1 fej római saláta, megmosva, megöntözve és apróra vágva

½ csésze zöld kapribogyó

Fűszerezés

2 evőkanál. fehér borecet

4 evőkanál extra szűz olívaolaj

frissen őrölt fekete bors

3/4 csésze darált dió

Tengeri só

Készítmény

Grill salátát és/vagy zöldségeket közepes lángon, amíg enyhén megpirul.

Keverje össze az összes fűszerezési hozzávalót egy robotgépben.

Ízesítsük a többi hozzávalóval és jól keverjük össze.

Grillezett bostoni saláta fekete olajbogyóval

Hozzávalók:

1 fej boston saláta, megmosva, megöntözve és apróra vágva

½ csésze fekete olajbogyó

Fűszerezés

2 evőkanál. balzsamecet

4 evőkanál makadámiaolaj

frissen őrölt fekete bors

3/4 csésze finomra őrölt kesudió

Tengeri só

Készítmény

Grill salátát és/vagy zöldségeket közepes lángon, amíg enyhén megpirul.

Keverje össze az összes fűszerezési hozzávalót egy robotgépben.

Ízesítsük a többi hozzávalóval és jól keverjük össze.

Pörkölt Romaine és Kalamata olajbogyó saláta

Hozzávalók:
1 fej római saláta, megmosva, megöntözve és apróra vágva
½ csésze Kalamata olajbogyó

Fűszerezés
2 evőkanál. vörösborecet
4 evőkanál olívaolaj
frissen őrölt fekete bors
3/4 csésze finomra vágott mandula
Tengeri só

Készítmény
Grill salátát és/vagy zöldségeket közepes lángon, amíg enyhén megpirul.

Keverje össze az összes fűszerezési hozzávalót egy robotgépben.

Ízesítsük a többi hozzávalóval és jól keverjük össze.

Római saláta zöld olajbogyóval és földimogyoró-vinaigrette-vel

Hozzávalók:

1 fej római saláta, megmosva, megöntözve és apróra vágva
½ csésze zöld olajbogyó

Fűszerezés

2 evőkanál. Almaecet
4 evőkanál extra szűz olívaolaj
frissen őrölt fekete bors
3/4 csésze finomra őrölt földimogyoró
Tengeri só

Készítmény

Keverje össze az összes fűszerezési hozzávalót egy robotgépben.

Ízesítsük a többi hozzávalóval és jól keverjük össze.

Romaine saláta kapribogyó és mandula vinaigrette

Hozzávalók:
1 fej római saláta, megmosva, megöntözve és apróra vágva
½ csésze kapribogyó

Fűszerezés
2 evőkanál. Almaecet
4 evőkanál extra szűz olívaolaj
frissen őrölt fekete bors
3/4 csésze finomra vágott mandula
Tengeri só

Készítmény

Keverje össze az összes fűszerezési hozzávalót egy robotgépben.

Ízesítsük a többi hozzávalóval és jól keverjük össze.

Bostoni saláta articsóka szívvel és kesudió-vinaigrette-vel

Hozzávalók:

1 fej boston saláta, megmosva, megöntözve és apróra vágva

½ csésze articsóka szív

Fűszerezés

2 evőkanál. fehér borecet

4 evőkanál extra szűz olívaolaj

frissen őrölt fekete bors

3/4 csésze finomra őrölt kesudió

Tengeri só

Készítmény

Keverje össze az összes fűszerezési hozzávalót egy robotgépben.

Ízesítsük a többi hozzávalóval és jól keverjük össze.

Articsóka és articsóka szívek balzsammázzal

Hozzávalók:
1 articsóka megmosva és ecsettel
½ csésze articsóka szív

Fűszerezés
2 evőkanál. balzsamecet
4 evőkanál makadámiaolaj
frissen őrölt fekete bors
3/4 csésze finomra őrölt földimogyoró
Tengeri só

Készítmény

Keverje össze az összes fűszerezési hozzávalót egy robotgépben.

Ízesítsük a többi hozzávalóval és jól keverjük össze.

Articsóka és zöld olajbogyó diós vinaigrette-vel

Hozzávalók:

1 articsóka megmosva és ecsettel

½ csésze zöld olajbogyó

Fűszerezés

2 evőkanál. vörösborecet

4 evőkanál extra szűz olívaolaj

frissen őrölt fekete bors

3/4 csésze darált dió

Tengeri só

Készítmény

Keverje össze az összes fűszerezési hozzávalót egy robotgépben.

Ízesítsük a többi hozzávalóval és jól keverjük össze.

Római saláta fekete olajbogyóval és articsóka szívvel

Hozzávalók:

1 fej római saláta, megmosva, megöntözve és apróra vágva

½ csésze fekete olajbogyó

½ csésze articsóka szív

Fűszerezés

2 evőkanál. Almaecet

4 evőkanál olívaolaj

frissen őrölt fekete bors

3/4 csésze finomra vágott mandula

Tengeri só

Készítmény

Keverje össze az összes fűszerezési hozzávalót egy robotgépben.

Ízesítsük a többi hozzávalóval és jól keverjük össze.

Articsóka szívek fekete olíva salátával

Hozzávalók:

1 fej római saláta, megmosva, megöntözve és apróra vágva
½ csésze fekete olajbogyó
½ csésze articsóka szív

Fűszerezés

2 evőkanál. fehér borecet
4 evőkanál extra szűz olívaolaj
frissen őrölt fekete bors
3/4 csésze finomra őrölt földimogyoró
Tengeri só

Készítmény

Keverje össze az összes fűszerezési hozzávalót egy robotgépben.

Ízesítsük a többi hozzávalóval és jól keverjük össze.

Boston saláta saláta fekete olajbogyó és articsóka szívek

Hozzávalók:

1 fej boston saláta, megmosva, megöntözve és apróra vágva

½ csésze fekete olajbogyó

½ csésze articsóka szív

Fűszerezés

2 evőkanál. vörösborecet

4 evőkanál extra szűz olívaolaj

frissen őrölt fekete bors

3/4 csésze finomra vágott mandula

Tengeri só

Készítmény

Keverje össze az összes fűszerezési hozzávalót egy robotgépben.

Ízesítsük a többi hozzávalóval és jól keverjük össze.

Romaine saláta articsóka szívvel és makadámia vinaigrette-vel

Hozzávalók:
1 fej római saláta, megmosva, megöntözve és apróra vágva
½ csésze fekete olajbogyó
½ csésze articsóka szív

Fűszerezés
2 evőkanál. balzsamecet
4 evőkanál makadámiaolaj
frissen őrölt fekete bors
3/4 csésze finomra őrölt kesudió
Tengeri só

Készítmény

Keverje össze az összes fűszerezési hozzávalót egy robotgépben.

Ízesítsük a többi hozzávalóval és jól keverjük össze.

Saláta saláta fekete olajbogyóval és articsóka szívvel

Hozzávalók:

1 fej saláta, megmosva, megkenve és feldarabolva
½ csésze fekete olajbogyó
½ csésze articsóka szív

Fűszerezés

2 evőkanál. fehér borecet
4 evőkanál extra szűz olívaolaj
frissen őrölt fekete bors
3/4 csésze finomra vágott mandula
Tengeri só

Készítmény

Keverje össze az összes fűszerezési hozzávalót egy robotgépben.

Ízesítsük a többi hozzávalóval és jól keverjük össze.

Boston saláta almabor vinaigrette-vel

Hozzávalók:

1 fej boston saláta, megmosva, megöntözve és apróra vágva

½ csésze fekete olajbogyó

½ csésze articsóka szív

Fűszerezés

2 evőkanál. Almaecet

4 evőkanál extra szűz olívaolaj

frissen őrölt fekete bors

3/4 csésze finomra őrölt földimogyoró

Tengeri só

Készítmény

Keverje össze az összes fűszerezési hozzávalót egy robotgépben.

Ízesítsük a többi hozzávalóval és jól keverjük össze.

Romaine saláta articsóka szívvel és kesudió-vinaigrette-vel

Hozzávalók:

1 fej római saláta, megmosva, megöntözve és apróra vágva
½ csésze fekete olajbogyó
½ csésze articsóka szív

Fűszerezés

2 evőkanál. vörösborecet
4 evőkanál olívaolaj
frissen őrölt fekete bors
3/4 csésze finomra őrölt kesudió
Tengeri só

Készítmény

Keverje össze az összes fűszerezési hozzávalót egy robotgépben.

Ízesítsük a többi hozzávalóval és jól keverjük össze.

Római saláta saláta articsóka szívvel és zöld olajbogyóval

Hozzávalók:

1 fej római saláta, megmosva, megöntözve és apróra vágva

½ csésze zöld olajbogyó

½ csésze articsóka szív

Fűszerezés

2 evőkanál. vörösborecet

4 evőkanál makadámiaolaj

frissen őrölt fekete bors

3/4 csésze darált dió

Tengeri só

Készítmény

Keverje össze az összes fűszerezési hozzávalót egy robotgépben.

Ízesítsük a többi hozzávalóval és jól keverjük össze.

Olíva és articsóka szívsaláta

Hozzávalók:

1 fej saláta, megmosva, megkenve és feldarabolva

½ csésze Kalamata olajbogyó

½ csésze articsóka szív

Fűszerezés

2 evőkanál. fehér borecet

4 evőkanál extra szűz olívaolaj

frissen őrölt fekete bors

3/4 csésze finomra vágott mandula

Tengeri só

Készítmény

Keverje össze az összes fűszerezési hozzávalót egy robotgépben.

Ízesítsük a többi hozzávalóval és jól keverjük össze.

Római saláta és articsóka szív saláta

Hozzávalók:

1 fej római saláta, megmosva, megöntözve és apróra vágva

½ csésze bébi kukorica

½ csésze articsóka szív

Fűszerezés

2 evőkanál. balzsamecet

4 evőkanál makadámiaolaj

frissen őrölt fekete bors

3/4 csésze finomra őrölt kesudió

Tengeri só

Készítmény

Keverje össze az összes fűszerezési hozzávalót egy robotgépben.

Ízesítsük a többi hozzávalóval és jól keverjük össze.

Új sárgarépa articsóka szívsaláta bostoni salátával

Hozzávalók:

1 fej boston saláta, megmosva, megöntözve és apróra vágva

½ csésze bébi sárgarépa

½ csésze articsóka szív

Fűszerezés

2 evőkanál. fehér borecet

4 evőkanál extra szűz olívaolaj

frissen őrölt fekete bors

3/4 csésze finomra őrölt földimogyoró

Tengeri só

Készítmény

Keverje össze az összes fűszerezési hozzávalót egy robotgépben.

Ízesítsük a többi hozzávalóval és jól keverjük össze.

Római saláta, fekete olajbogyó és bébi kukorica saláta

Hozzávalók:

1 fej római saláta, megmosva, megöntözve és apróra vágva

½ csésze fekete olajbogyó

½ csésze konzerv kukorica

Fűszerezés

2 evőkanál. Almaecet

4 evőkanál olívaolaj

frissen őrölt fekete bors

3/4 csésze finomra vágott mandula

Tengeri só

Készítmény

Keverje össze az összes fűszerezési hozzávalót egy robotgépben.

Ízesítsük a többi hozzávalóval és jól keverjük össze.

Romaine és sárgarépa saláta diós vinaigrette-vel

Hozzávalók:

1 fej római saláta, megmosva, megöntözve és apróra vágva

½ csésze fekete olajbogyó

½ csésze bébi sárgarépa

Fűszerezés

2 evőkanál. fehér borecet

4 evőkanál extra szűz olívaolaj

frissen őrölt fekete bors

3/4 csésze darált dió

Tengeri só

Készítmény

Keverje össze az összes fűszerezési hozzávalót egy robotgépben.

Ízesítsük a többi hozzávalóval és jól keverjük össze.

Bostoni saláta saláta kapribogyóval és articsóka szívvel

Hozzávalók:

1 fej boston saláta, megmosva, megöntözve és apróra vágva

½ csésze kapribogyó

½ csésze articsóka szív

Fűszerezés

2 evőkanál. vörösborecet

4 evőkanál extra szűz olívaolaj

frissen őrölt fekete bors

3/4 csésze finomra vágott mandula

Tengeri só

Készítmény

Keverje össze az összes fűszerezési hozzávalót egy robotgépben.

Ízesítsük a többi hozzávalóval és jól keverjük össze.

Római saláta, zöld olívabogyó és articsóka szívek makadámiás vinaigrette-vel

Hozzávalók:

1 fej római saláta, megmosva, megöntözve és apróra vágva
½ csésze zöld olajbogyó
½ csésze articsóka szív

Fűszerezés

2 evőkanál. balzsamecet
4 evőkanál makadámiaolaj
frissen őrölt fekete bors
3/4 csésze finomra őrölt kesudió
Tengeri só

Készítmény

Keverje össze az összes fűszerezési hozzávalót egy robotgépben.

Ízesítsük a többi hozzávalóval és jól keverjük össze.

Saláta olajbogyó és bébi sárgarépa diós vinaigrette salátával

Hozzávalók:

1 fej saláta, megmosva, megkenve és feldarabolva

½ csésze fekete olajbogyó

½ csésze bébi sárgarépa

Fűszerezés

2 evőkanál. Almaecet

4 evőkanál extra szűz olívaolaj

frissen őrölt fekete bors

3/4 csésze darált dió

Tengeri só

Készítmény

Keverje össze az összes fűszerezési hozzávalót egy robotgépben.

Ízesítsük a többi hozzávalóval és jól keverjük össze.

Romaine saláta bébi kukorica salátával

Hozzávalók:

1 fej római saláta, megmosva, megöntözve és apróra vágva

½ csésze fekete olajbogyó

½ csésze konzerv kukorica

Fűszerezés

2 evőkanál. vörösborecet

4 evőkanál extra szűz olívaolaj

frissen őrölt fekete bors

3/4 csésze finomra vágott mandula

Tengeri só

Készítmény

Keverje össze az összes fűszerezési hozzávalót egy robotgépben.

Ízesítsük a többi hozzávalóval és jól keverjük össze.

Romaine, lilahagyma és articsóka szívsaláta mogyoró vinaigrette-vel

Hozzávalók:

1 fej római saláta, megmosva, megöntözve és apróra vágva

½ csésze apróra vágott vöröshagyma

½ csésze articsóka szív

Fűszerezés

2 evőkanál. fehér borecet

4 evőkanál extra szűz olívaolaj

frissen őrölt fekete bors

3/4 csésze finomra őrölt földimogyoró

Tengeri só

Készítmény

Keverje össze az összes fűszerezési hozzávalót egy robotgépben.

Ízesítsük a többi hozzávalóval és jól keverjük össze.

Boston saláta fekete olíva és kukorica saláta mandula vinaigrette-vel

Hozzávalók:

1 fej boston saláta, megmosva, megöntözve és apróra vágva

½ csésze fekete olajbogyó

½ csésze konzerv kukorica

Fűszerezés

2 evőkanál. fehér borecet

4 evőkanál olívaolaj

frissen őrölt fekete bors

3/4 csésze finomra vágott mandula

Tengeri só

Készítmény

Keverje össze az összes fűszerezési hozzávalót egy robotgépben.

Ízesítsük a többi hozzávalóval és jól keverjük össze.

Cikória és zöld olajbogyó saláta

Hozzávalók:

1 escarole, megmosva, megkenve és apróra vágva

½ csésze zöld olajbogyó

½ csésze articsóka szív

Fűszerezés

2 evőkanál. fehér borecet

4 evőkanál makadámiaolaj

frissen őrölt fekete bors

3/4 csésze finomra őrölt kesudió

Tengeri só

Készítmény

Keverje össze az összes fűszerezési hozzávalót egy robotgépben.

Ízesítsük a többi hozzávalóval és jól keverjük össze.

Vegyes zöldségsaláta olajbogyóval és articsóka szívvel

Hozzávalók:

1 csokor vegyes zöldet, megmosva, ecsettel és apróra vágva
½ csésze fekete olajbogyó
½ csésze articsóka szív

Fűszerezés

2 evőkanál. fehér borecet
4 evőkanál extra szűz olívaolaj
frissen őrölt fekete bors
3/4 csésze darált dió
Tengeri só

Készítmény

Keverje össze az összes fűszerezési hozzávalót egy robotgépben.

Ízesítsük a többi hozzávalóval és jól keverjük össze.

boston saláta és articsóka szívsaláta

Hozzávalók:

1 fej boston saláta, megmosva, megöntözve és apróra vágva

½ csésze Kalamata olajbogyó

½ csésze articsóka szív

Fűszerezés

2 evőkanál. balzsamecet

4 evőkanál extra szűz olívaolaj

frissen őrölt fekete bors

3/4 csésze finomra vágott mandula

Tengeri só

Készítmény

Keverje össze az összes fűszerezési hozzávalót egy robotgépben.

Ízesítsük a többi hozzávalóval és jól keverjük össze.

Vörös káposzta, articsóka és nappa káposzta saláta

Hozzávalók:

1/2 közepes vörös káposzta, vékonyra szeletelve

1 csésze konzerv articsóka

1/2 közepes napa káposzta, vékonyra szeletelve

Fűszerezés

csésze extra szűz olívaolaj

2 csepp fehérborecet

Durva só és fekete bors

Készítmény

Keverje össze a szósz összes összetevőjét.

Ízesítsük a többi hozzávalóval és jól keverjük össze.

Paradicsomos spenót és vízitorma saláta

Hozzávalók:

10 tomatillo, hosszában felezve, kimagozva és vékonyra szeletelve

1 csokor spenót megmosva és lecsepegtetve

1 csokor vízitorma, megmosva és lecsepegtetve

Fűszerezés

csésze extra szűz olívaolaj

2 csepp fehérborecet

Durva só és fekete bors

Készítmény

Keverje össze a szósz összes összetevőjét.

Ízesítsük a többi hozzávalóval és jól keverjük össze.

Káposzta, ananász és uborka saláta

Hozzávalók:

1 csokor kelkáposzta, megmosva és lecsepegtetve
1 csésze konzerv ananász darabok
1 nagy uborka hosszában félbevágva és vékonyra szeletelve

Fűszerezés

csésze extra szűz olívaolaj
2 evőkanál. Almaecet
Durva só és fekete bors

Készítmény

Keverje össze a szósz összes összetevőjét.

Ízesítsük a többi hozzávalóval és jól keverjük össze.

Káposzta, ananász és őszibarack saláta

Hozzávalók:

1 csokor kelkáposzta, megmosva és lecsepegtetve

1 csésze konzerv ananász darabok

1 csésze kockára vágott őszibarack

Fűszerezés

csésze extra szűz olívaolaj

2 csepp fehérborecet

Durva só és fekete bors

Készítmény

Keverje össze a szósz összes összetevőjét.

Ízesítsük a többi hozzávalóval és jól keverjük össze.

Sárgarépa és vízitorma saláta Napa káposztával

Hozzávalók:
1/2 közepes napa káposzta, vékonyra szeletelve
5 kis sárgarépa
1 csokor vízitorma, megmosva és lecsepegtetve

Fűszerezés
csésze extra szűz olívaolaj
2 csepp fehérborecet
Durva só és fekete bors

Készítmény
Keverje össze a szósz összes összetevőjét.

Ízesítsük a többi hozzávalóval és jól keverjük össze.

Napa Coleslaw és Enoki gomba

Hozzávalók:

15 Enoki gomba megmosva és vékonyra szeletelve

1/2 közepes napa káposzta, vékonyra szeletelve

5 kis sárgarépa

1 csokor vízitorma, megmosva és lecsepegtetve

Fűszerezés

csésze extra szűz olívaolaj

2 csepp fehérborecet

Durva só és fekete bors

Készítmény

Keverje össze a szósz összes összetevőjét.

Ízesítsük a többi hozzávalóval és jól keverjük össze.

Napa saláta vízitormával és sárgarépával

Hozzávalók:

1/2 közepes napa káposzta, vékonyra szeletelve

5 kis sárgarépa

1 csokor vízitorma, megmosva és lecsepegtetve

1/4 fehér hagyma, meghámozva, hosszában félbevágva és vékonyra szeletelve

1 nagy uborka hosszában félbevágva és vékonyra szeletelve

Fűszerezés

csésze extra szűz olívaolaj

2 csepp fehérborecet

Durva só és fekete bors

Készítmény

Keverje össze a szósz összes összetevőjét.

Ízesítsük a többi hozzávalóval és jól keverjük össze.

Napa articsóka saláta káposztával és hagymával

Hozzávalók:

1 csésze konzerv articsóka

1/2 közepes napa káposzta, vékonyra szeletelve

1/4 fehér hagyma, meghámozva, hosszában félbevágva és vékonyra szeletelve

1 nagy cukkini hosszában félbevágva, vékonyra felszeletelve és kifehérítve

Fűszerezés

csésze extra szűz olívaolaj

2 evőkanál. Almaecet

Durva só és fekete bors

Készítmény

Keverje össze a szósz összes összetevőjét.

Ízesítsük a többi hozzávalóval és jól keverjük össze.

Articsóka és nappa káposzta saláta

Hozzávalók:
5 közepes paradicsom meghámozva, hosszában félbevágva, kimagozva és vékonyra szeletelve

1 csésze konzerv articsóka

1/2 közepes napa káposzta, vékonyra szeletelve

Fűszerezés
csésze extra szűz olívaolaj

2 csepp fehérborecet

Durva só és fekete bors

Készítmény
Keverje össze a szósz összes összetevőjét.

Ízesítsük a többi hozzávalóval és jól keverjük össze.

Szőlő kukorica saláta savanyúság

Hozzávalók:

1/2 csésze savanyúság

10 darab. vörös szőlő

1/2 csésze konzerv kukorica

1 nagy uborka hosszában félbevágva és vékonyra szeletelve

Fűszerezés

csésze extra szűz olívaolaj

2 csepp fehérborecet

Durva só és fekete bors

Készítmény

Keverje össze a szósz összes összetevőjét.

Ízesítsük a többi hozzávalóval és jól keverjük össze.

Cseresznyeparadicsom és spenót saláta

Hozzávalók:

10 tomatillo, hosszában felezve, kimagozva és vékonyra szeletelve

1/4 csésze cseresznye

1 csokor spenót megmosva és lecsepegtetve

12 db fekete szőlő

Fűszerezés

csésze extra szűz olívaolaj

2 evőkanál. Almaecet

Durva só és fekete bors

Készítmény

Keverje össze a szósz összes összetevőjét.

Ízesítsük a többi hozzávalóval és jól keverjük össze.

Vörös káposzta és cseresznye almás saláta

Hozzávalók:

1 csésze kockára vágott Fuji alma

1/2 közepes vörös káposzta, vékonyra szeletelve

1/4 csésze cseresznye

1/4 fehér hagyma, meghámozva, hosszában félbevágva és vékonyra szeletelve

1 nagy uborka hosszában félbevágva és vékonyra szeletelve

Fűszerezés

csésze extra szűz olívaolaj

2 csepp fehérborecet

Durva só és fekete bors

Készítmény

Keverje össze a szósz összes összetevőjét.

Ízesítsük a többi hozzávalóval és jól keverjük össze.

Vörös káposzta és alma saláta

Hozzávalók:

5 közepes paradicsom meghámozva, hosszában félbevágva, kimagozva és vékonyra szeletelve

1 csésze kockára vágott Fuji alma

1/2 közepes vörös káposzta, vékonyra szeletelve

1/4 csésze cseresznye

Fűszerezés

csésze extra szűz olívaolaj

2 csepp fehérborecet

Durva só és fekete bors

Készítmény

Keverje össze a szósz összes összetevőjét.

Ízesítsük a többi hozzávalóval és jól keverjük össze.

ananász és mangó saláta

Hozzávalók:

5 közepes paradicsom meghámozva, hosszában félbevágva, kimagozva és vékonyra szeletelve

1 csokor kelkáposzta, megmosva és lecsepegtetve

1 csésze konzerv ananász darabok

1 csésze apróra vágott mangó

Fűszerezés

csésze extra szűz olívaolaj

2 csepp fehérborecet

Durva só és fekete bors

Készítmény

Keverje össze a szósz összes összetevőjét.

Ízesítsük a többi hozzávalóval és jól keverjük össze.

Káposztasaláta, ananász, mangó és uborkasaláta

Hozzávalók:

1 csokor kelkáposzta, megmosva és lecsepegtetve

1 csésze konzerv ananász darabok

1 csésze apróra vágott mangó

1 nagy uborka hosszában félbevágva és vékonyra szeletelve

Fűszerezés

csésze extra szűz olívaolaj

2 csepp fehérborecet

Durva só és fekete bors

Készítmény

Keverje össze a szósz összes összetevőjét.

Ízesítsük a többi hozzávalóval és jól keverjük össze.

Mangós almás paradicsomsaláta

Hozzávalók:

10 tomatillo, hosszában felezve, kimagozva és vékonyra szeletelve

1 csésze apróra vágott mangó

1 csésze kockára vágott Fuji alma

1/2 közepes vörös káposzta, vékonyra szeletelve

Fűszerezés

csésze extra szűz olívaolaj

2 evőkanál. Almaecet

Durva só és fekete bors

Készítmény

Keverje össze a szósz összes összetevőjét.

Ízesítsük a többi hozzávalóval és jól keverjük össze.

Saláta és paradicsom balzsammázzal

Hozzávalók:
1 fej római saláta apróra vágva
4 egész érett paradicsom, egyenként 6 szeletre vágva, majd mindegyik szeletet félbevágva
1 egész közepes uborka meghámozva, hosszában negyedelve és nagy kockákra vágva
vegán sajt, díszítéshez

Fűszerezés
1/4 csésze balzsamecet
2 teáskanál barna cukor
1 tk. fokhagyma por
1/2 teáskanál só
1/2 teáskanál frissen őrölt fekete bors
3/4 csésze olívaolaj

Készítmény
Keverje össze az összes fűszerezési hozzávalót egy robotgépben.

Ízesítsük a többi hozzávalóval és jól keverjük össze.

Hagyma és brokkoli saláta mézzel

Hozzávalók:

1 fej brokkoli rózsa és szár, blansírozva és apróra vágva
1/2 csésze apróra vágott fehér hagyma
1/2 csésze mazsola, opcionális
8 uncia vegán sajt, nagyon apró darabokra vágva
1 csésze tojás nélküli majonéz
2 evőkanál vörösborecet
1/4 csésze méz
1/2 csésze koktélparadicsom félbevágva
só
frissen őrölt fekete bors

Készítmény
Keverjük össze az összes hozzávalót, és jól keverjük össze.

Római saláta balzsamos mázzal

Hozzávalók:

3 csésze római saláta apróra vágva

Fűszerezés

½ teáskanál fokhagymapor
1 teáskanál dijoni mustár
1 kanál balzsamecet
Kis csepp szójaszósz
Só és frissen őrölt fekete bors
3 evőkanál olívaolaj

Készítmény

Keverje össze az összes fűszerezési hozzávalót egy robotgépben.

Ízesítsük a többi hozzávalóval és jól keverjük össze.

Ha szükséges, még sózzuk

Alap guacamole saláta

Hozzávalók:

1 liter koktélparadicsom félbevágva
1 zöld kaliforniai paprika kimagozva és 1/2 hüvelykes kockákra vágva
1 edény (15 uncia) cannellini bab, megmosva és lecsepegtetve
1/2 csésze vöröshagyma apróra vágva
2 evőkanál apróra vágott jalapeno paprika, kimagozva (2 paprika)
1/2 teáskanál friss citromhéj
2 érett avokádó, kimagozva, meghámozva és 1/2 hüvelykes kockákra vágva

Fűszerezés

1/4 csésze frissen facsart citromlé
1/4 csésze jó olívaolaj
1 teáskanál kóser só
1/2 teáskanál frissen őrölt fekete bors
teáskanál. fokhagyma por
1/4 teáskanál őrölt cayenne bors

Készítmény

Keverje össze a szósz összes összetevőjét.
Ízesítsük a többi hozzávalóval és jól keverjük össze.

Cseresznyeparadicsom és uborkasaláta

Hozzávalók:

5 közepes koktélparadicsom hosszában félbevágva, kimagozva és vékonyra szeletelve

1/4 vöröshagyma, meghámozva, hosszában félbevágva és vékonyra szeletelve

1 uborka hosszában félbevágva és vékonyra szeletelve

Fűszerezés

Egy bőséges csepp szezámmagolaj, körülbelül 2 evőkanál

2 csepp rizsecet

Durva só és fekete bors

Készítmény

Keverje össze a szósz összes összetevőjét.

Ízesítsük a többi hozzávalóval és jól keverjük össze.

Brokkoli és koktélparadicsom saláta

Hozzávalók:

1 brokkoli fej és szár, blansírozva és apróra vágva

1/2 csésze apróra vágott fehér hagyma

1/2 csésze mazsola, opcionális

8 uncia vegán sajtszeletek, vékony csíkokra vágva

1/2 csésze koktélparadicsom félbevágva

Fűszerezés

1 csésze majonéz

2 evőkanál fehérborecet

1/4 csésze cukor

Só és frissen őrölt fekete bors

Készítmény

Keverje össze a szósz összes összetevőjét.

Ízesítsük a többi hozzávalóval és jól keverjük össze.

Pirospaprika és feketebab saláta

Hozzávalók:

1 db 14 uncia feketebab doboz, megmosva és lecsepegtetve
2 csésze fagyasztott kukoricaszem, felengedve
1 kis piros kaliforniai paprika kimagozva és apróra vágva
½ vöröshagyma, apróra vágva
1 ½ teáskanál őrölt kömény, fél egész tenyér
2 tk csípős szósz, csak figyeld a mennyiséget (ajánlott: Tabasco)
1 lime, kifacsart
2 evőkanál növényi olaj vagy olívaolaj, szemgolyó
Só, bors

Készítmény

Keverjük össze az összes hozzávalót, és jól keverjük össze.

Bab és kukorica saláta

Hozzávalók:

2 doboz vesebab, lecsepegtetve, körülbelül 30 uncia

1 doboz (15 uncia) kukorica, lecsepegtetve

2 roma paradicsom kockára vágva

1/4 csésze kockára vágott zöld kaliforniai paprika

1/4 csésze apróra vágott vöröshagyma

1/4 csésze apróra vágott zöldhagyma

1/4 csésze kockára vágott ananász

1 evőkanál apróra vágott korianderlevél

1 jalapeno kimagozva és apróra vágva

4 evőkanál fehérborecet

Citromlé

3 evőkanál méz

1 kanál só

1 teáskanál fekete bors

Egy csipet őrölt kömény

Készítmény

Keverje össze a szósz összes összetevőjét.

Keverjük össze az összes hozzávalót, és jól keverjük össze.

kukorica saláta

Hozzávalók:

5 hámozott kalász

1/2 csésze julienned friss bazsalikomlevél

1/2 csésze apróra vágott vöröshagyma (1 kis hagyma)

Fűszerezés

3 evőkanál vörösborecet

3 evőkanál extra szűz olívaolaj

1/2 teáskanál kóser só

1/2 teáskanál frissen őrölt fekete bors

Készítmény

Forraljunk fel annyi sós vizet, hogy ellepje a kukoricát.

Főzzük a kukoricát 3 percig. vagy akár elveszíti a keményítőt.

Lecsepegtetjük és jeges vízbe merítjük.

Vágja fel a humbug babot.

Ízesítsük a többi hozzávalóval és jól keverjük össze.

Minimalista sült paradicsom

Hozzávalók:
30 érett paradicsom keresztben félbevágva.
csésze extra szűz olívaolaj
3 evőkanál olasz öntet
2 evőkanál. Tengeri só
csésze barna cukor

Készítmény
Melegítsük elő a sütőt 170 F fokra.

A paradicsomokat vágott felével felfelé tedd egy serpenyőbe.

Ízesítsük 2/3 csésze extra szűz olívaolajjal, cukorral, olasz fűszerekkel és sóval.

Végrehajtás
10 órán át sütjük.

Tálalás előtt meglocsoljuk a maradék olívaolajjal.

Megfigyelés:
Csináld ezt egyik napról a másikra.

A sült paradicsommal szinte bármilyen salátát ízesíthet, ami eszébe jut.

Gyömbér és narancs saláta

Hozzávalók:

1 evőkanál. apróra vágott gyömbér

2 narancs leve

2 teáskanál méz

½ csésze eper

½ csésze áfonya

2 nagy ázsiai körte, meghámozva és felkockázva

Készítmény

Keverjük össze a gyömbért és a mézet a narancslével.

Keverje össze a gyümölcsöket ezzel a keverékkel.

2 órán át hűtjük.

Minimalista őszibarack és mangó saláta

Hozzávalók:

1 evőkanál. apróra vágott gyömbér

2 narancs leve

2 teáskanál juharszirup

½ csésze kimagozott és szeletelt őszibarack

2 nagy mangó, meghámozva és felkockázva

Készítmény

A gyömbért és a juharszirupot összekeverjük a narancslével.

Keverje össze a gyümölcsöket ezzel a keverékkel.

2 órán át hűtjük.

Grillezett cukkini saláta

Hozzávalók:

30 uncia cukkini (összesen körülbelül 12 uncia), hosszában 1/2 hüvelyk vastag téglalapokra szeletelve

csésze extra szűz olívaolaj

Fűszerezés

2 evőkanál. extra szűz olívaolaj

Tengeri só

3 evőkanál desztillált fehérbor

1 evőkanál. olasz fűszerezés

Készítmény

Melegítse elő a grillt közepesen magas hőfokon.

Kenjük meg a cukkinit egy csésze olívaolajjal.

Végrehajtás

Sózzuk, borsozzuk és grillezzük 4 percig. mindkét oldalon.

Csak egyszer fordítsa meg, hogy a cukkini grillnyomok legyenek.

Keverje össze a szósz összes összetevőjét.

Megszórjuk a cukkinit.

Grillezett padlizsán saláta makadámia olajban

Hozzávalók:
30 uncia padlizsán (összesen körülbelül 12 uncia), hosszában 1/2 hüvelyk vastag téglalapokra szeletelve
csésze makadámia olaj

Fűszerezés
2 evőkanál. makadámia olaj
Steak szósz, McCormick
3 evőkanál száraz sherry
1 evőkanál. száritott kakukkfű

Készítmény
Melegítse elő a grillt közepesen magas hőfokon.

Kenjük meg a zöldségeket ¼ csésze olajjal.

Végrehajtás

Sózzuk, borsozzuk és grillezzük 4 percig. mindkét oldalon.

Csak egyszer fordítsa meg, hogy grillnyomok jelenjenek meg a zöldségen.

Keverje össze a szósz összes összetevőjét.

Megszórjuk a zöldségeket.

Grillezett cukkini és padlizsán saláta

Hozzávalók:

12 uncia padlizsán (összesen körülbelül 12 uncia), hosszában 1/2 hüvelyk vastag téglalapokra szeletelve

1 darab. Cukkini, hosszában szeletelve és félbevágva

6 db spárga

4 nagy paradicsom vastagon felszeletelve

5 karfiol rózsa

csésze extra szűz olívaolaj

összetevők fűszerekhez

4 evőkanál olívaolaj

Steak szósz, McCormick

2 evőkanál. fehér ecet

1 evőkanál. száritott kakukkfű

1/2 teáskanál tengeri só

Készítmény

Melegítse elő a grillt közepesen magas hőfokon.

Kenjük meg a zöldségeket ¼ csésze olajjal.

Végrehajtás

Sózzuk, borsozzuk és grillezzük 4 percig. mindkét oldalon.

Csak egyszer fordítsa meg, hogy grillnyomok jelenjenek meg a zöldségen.

Keverje össze a szósz összes összetevőjét.

Megszórjuk a zöldségeket.

Grillezett cukkini és spárga saláta

Hozzávalók:

csésze makadámia olaj

1 darab. Cukkini, hosszában szeletelve és félbevágva

6 db spárga

10 karfiol rózsa

5 db kelbimbó

összetevők fűszerekhez

6 evőkanál olívaolaj

3 csepp Tabasco forró szósz

tengeri só ízlés szerint

3 evőkanál fehérborecet

1 tk. Majonéz tojás nélkül

Készítmény

Melegítse elő a grillt közepesen magas hőfokon.

Kenjük meg a zöldségeket ¼ csésze olajjal.

Végrehajtás

Sózzuk, borsozzuk és grillezzük 4 percig. mindkét oldalon.

Csak egyszer fordítsa meg, hogy grillnyomok jelenjenek meg a zöldségen.

Keverje össze a szósz összes összetevőjét.

Megszórjuk a zöldségeket.

Uborkás paradicsomos Datteri saláta

Hozzávalók:

5 közepes paradicsom meghámozva, hosszában félbevágva, kimagozva és vékonyra szeletelve

1 Kirby uborka hosszában félbevágva és vékonyra szeletelve

összetevők fűszerekhez

Egy nagylelkű extra szűz olívaolaj, körülbelül 2 evőkanál.

3 csepp fehérborecet

tengeri só ízlés szerint

Készítmény

Melegítse elő a grillt közepesen magas hőfokon.

Kenjük meg a zöldségeket ¼ csésze olajjal.

Végrehajtás

Sózzuk, borsozzuk és grillezzük 4 percig. mindkét oldalon.

Csak egyszer fordítsa meg, hogy grillnyomok jelenjenek meg a zöldségen.

Keverje össze a szósz összes összetevőjét.

Megszórjuk a zöldségeket.

Grillezett padlizsán és kelbimbó saláta

Hozzávalók:

5 karfiol rózsa
5 db kelbimbó
12 uncia padlizsán, hosszában 1/2 hüvelyk vastag téglalapokra szeletelve
4 nagy paradicsom vastagon felszeletelve
5 karfiol rózsa
csésze makadámia olaj

összetevők fűszerekhez
4 evőkanál olívaolaj
Steak szósz, McCormick
2 evőkanál. fehér ecet
1 evőkanál. száritott kakukkfű
1/2 teáskanál tengeri só

Készítmény

Melegítse elő a grillt közepesen magas hőfokon.

Kenjük meg a zöldségeket ¼ csésze olajjal.

Végrehajtás

Sózzuk, borsozzuk és grillezzük 4 percig. mindkét oldalon.

Csak egyszer fordítsa meg, hogy grillnyomok jelenjenek meg a zöldségen.

Keverje össze a szósz összes összetevőjét.

Megszórjuk a zöldségeket.

Grillezett cukkini és spárga saláta

Hozzávalók:

12 uncia padlizsán (összesen körülbelül 12 uncia), hosszában 1/2 hüvelyk vastag téglalapokra szeletelve

1 darab. Cukkini, hosszában szeletelve és félbevágva

6 db spárga

4 nagy paradicsom vastagon felszeletelve

5 kelbimbó

csésze extra szűz olívaolaj

összetevők fűszerekhez

6 evőkanál extra szűz olívaolaj

tengeri só ízlés szerint

3 evőkanál almaecet

1 evőkanál. kedves

1 tk. Majonéz tojás nélkül

Készítmény

Melegítse elő a grillt közepesen magas hőfokon.

Kenjük meg a zöldségeket ¼ csésze olajjal.

Végrehajtás

Sózzuk, borsozzuk és grillezzük 4 percig. mindkét oldalon.

Csak egyszer fordítsa meg, hogy grillnyomok jelenjenek meg a zöldségen.

Keverje össze a szósz összes összetevőjét.

Megszórjuk a zöldségeket.

Grillezett padlizsán és karfiol saláta

Hozzávalók:

1 darab. Cukkini, hosszában szeletelve és félbevágva

6 db spárga

4 nagy paradicsom vastagon felszeletelve

5 karfiol rózsa

30 uncia padlizsán (összesen körülbelül 12 uncia), hosszában 1/2 hüvelyk vastag téglalapokra szeletelve

csésze extra szűz olívaolaj

összetevők fűszerekhez

6 evőkanál olívaolaj

3 csepp Tabasco forró szósz

tengeri só ízlés szerint

3 evőkanál fehérborecet

1 tk. Majonéz tojás nélkül

Készítmény

Melegítse elő a grillt közepesen magas hőfokon.

Kenjük meg a zöldségeket ¼ csésze olajjal.

Végrehajtás

Sózzuk, borsozzuk és grillezzük 4 percig. mindkét oldalon.

Csak egyszer fordítsa meg, hogy grillnyomok jelenjenek meg a zöldségen.

Keverje össze a szósz összes összetevőjét.

Megszórjuk a zöldségeket.

Római saláta és sült sárgarépa saláta

Hozzávalók:

10 uncia padlizsán (összesen körülbelül 12 uncia), hosszában 1/2 hüvelyk vastag téglalapokra szeletelve

1 csokor római saláta levél

2 közepes sárgarépa, hosszában szeletelve és félbevágva

8 db zöldbab

7 brokkoli virág

csésze extra szűz olívaolaj

összetevők fűszerekhez

6 evőkanál olívaolaj

1 tk. fokhagyma por

tengeri só ízlés szerint

3 evőkanál desztillált fehér ecet

1 tk. Majonéz tojás nélkül

Készítmény

Melegítse elő a grillt közepesen magas hőfokon.

Kenjük meg a zöldségeket ¼ csésze olajjal.

Végrehajtás

Sózzuk, borsozzuk és grillezzük 4 percig. mindkét oldalon.

Csak egyszer fordítsa meg, hogy grillnyomok jelenjenek meg a zöldségen.

Keverje össze a szósz összes összetevőjét.

Megszórjuk a zöldségeket.

Grillezett padlizsán és paradicsom saláta

Hozzávalók:

10 uncia padlizsán (összesen körülbelül 12 uncia), hosszában 1/2 hüvelyk vastag téglalapokra szeletelve

4 nagy paradicsom vastagon felszeletelve

1 csokor escarole

1/4 csésze extra szűz olívaolaj

összetevők fűszerekhez

6 evőkanál extra szűz olívaolaj

tengeri só ízlés szerint

3 evőkanál almaecet

1 evőkanál. kedves

1 tk. Majonéz tojás nélkül

Készítmény

Melegítse elő a grillt közepesen magas hőfokon.

Kenjük meg a zöldségeket ¼ csésze olajjal.

Végrehajtás

Sózzuk, borsozzuk és grillezzük 4 percig. mindkét oldalon.

Csak egyszer fordítsa meg, hogy grillnyomok jelenjenek meg a zöldségen.

Keverje össze a szósz összes összetevőjét.

Megszórjuk a zöldségeket.

Grillezett cukkini paradicsom és padlizsán saláta

Hozzávalók:

10 uncia padlizsán (összesen körülbelül 12 uncia), hosszában 1/2 hüvelyk vastag téglalapokra szeletelve

1 darab. Cukkini, hosszában szeletelve és félbevágva

4 nagy paradicsom vastagon felszeletelve

5 karfiol rózsa

6 db spárga

csésze extra szűz olívaolaj

Fűszerezés

2 evőkanál. makadámia olaj

Steak szósz, McCormick

3 evőkanál száraz sherry

1 evőkanál. száritott kakukkfű

Készítmény

Melegítse elő a grillt közepesen magas hőfokon.

Kenjük meg a zöldségeket ¼ csésze olajjal.

Végrehajtás

Sózzuk, borsozzuk és grillezzük 4 percig. mindkét oldalon.

Csak egyszer fordítsa meg, hogy grillnyomok jelenjenek meg a zöldségen.

Keverje össze a szósz összes összetevőjét.

Megszórjuk a zöldségeket.

Grillezett kelbimbó és padlizsán saláta

Hozzávalók:

10 uncia padlizsán (összesen körülbelül 12 uncia), hosszában 1/2 hüvelyk vastag téglalapokra szeletelve

5 karfiol rózsa

5 db kelbimbó

csésze extra szűz olívaolaj

összetevők fűszerekhez

6 evőkanál olívaolaj

3 csepp Tabasco forró szósz

tengeri só ízlés szerint

3 evőkanál fehérborecet

1 tk. Majonéz tojás nélkül

Készítmény

Melegítse elő a grillt közepesen magas hőfokon.

Kenjük meg a zöldségeket ¼ csésze olajjal.

Végrehajtás

Sózzuk, borsozzuk és grillezzük 4 percig. mindkét oldalon.

Csak egyszer fordítsa meg, hogy grillnyomok jelenjenek meg a zöldségen.

Keverje össze a szósz összes összetevőjét.

Megszórjuk a zöldségeket.

Grillezett spárga és padlizsán saláta

Hozzávalók:

1 darab. Cukkini, hosszában szeletelve és félbevágva

6 db spárga

30 uncia padlizsán (összesen körülbelül 12 uncia), hosszában 1/2 hüvelyk vastag téglalapokra szeletelve

csésze extra szűz olívaolaj

összetevők fűszerekhez

4 evőkanál olívaolaj

Steak szósz, McCormick

2 evőkanál. fehér ecet

1 evőkanál. száritott kakukkfű

1/2 teáskanál tengeri só

Készítmény

Melegítse elő a grillt közepesen magas hőfokon.

Kenjük meg a zöldségeket ¼ csésze olajjal.

Végrehajtás

Sózzuk, borsozzuk és grillezzük 4 percig. mindkét oldalon.

Csak egyszer fordítsa meg, hogy grillnyomok jelenjenek meg a zöldségen.

Keverje össze a szósz összes összetevőjét.

Megszórjuk a zöldségeket.

Zöldbab és grillezett brokkoli saláta

Hozzávalók:

8 db zöldbab

7 brokkoli virág

9 uncia padlizsán (összesen körülbelül 12 uncia), hosszában 1/2 hüvelyk vastag téglalapokra szeletelve

1 csokor escarole

1/4 csésze extra szűz olívaolaj

összetevők fűszerekhez

6 evőkanál extra szűz olívaolaj

tengeri só ízlés szerint

3 evőkanál almaecet

1 evőkanál. kedves

1 tk. Majonéz tojás nélkül

Készítmény

Melegítse elő a grillt közepesen magas hőfokon.

Kenjük meg a zöldségeket ¼ csésze olajjal.

Végrehajtás

Sózzuk, borsozzuk és grillezzük 4 percig. mindkét oldalon.

Csak egyszer fordítsa meg, hogy grillnyomok jelenjenek meg a zöldségen.

Keverje össze a szósz összes összetevőjét.

Megszórjuk a zöldségeket.

Saláta és grillezett sárgarépa saláta

Hozzávalók:

10 uncia padlizsán (összesen körülbelül 12 uncia), hosszában 1/2 hüvelyk vastag téglalapokra szeletelve

1 csokor római saláta levél

2 közepes sárgarépa, hosszában szeletelve és félbevágva

csésze extra szűz olívaolaj

összetevők fűszerekhez

6 evőkanál olívaolaj

1 tk. fokhagyma por

tengeri só ízlés szerint

3 evőkanál desztillált fehér ecet

1 tk. Majonéz tojás nélkül

Készítmény

Melegítse elő a grillt közepesen magas hőfokon.

Kenjük meg a zöldségeket ¼ csésze olajjal.

Végrehajtás

Sózzuk, borsozzuk és grillezzük 4 percig. mindkét oldalon.

Csak egyszer fordítsa meg, hogy grillnyomok jelenjenek meg a zöldségen.

Keverje össze a szósz összes összetevőjét.

Megszórjuk a zöldségeket.

Zöldbab és grillezett brokkoli saláta

Hozzávalók:

8 db zöldbab

7 brokkoli virág

10 uncia padlizsán (összesen körülbelül 12 uncia), hosszában 1/2 hüvelyk vastag téglalapokra szeletelve

1 darab. Cukkini, hosszában szeletelve és félbevágva

6 db spárga

csésze extra szűz olívaolaj

összetevők fűszerekhez

6 evőkanál olívaolaj

3 csepp Tabasco forró szósz

tengeri só ízlés szerint

3 evőkanál fehérborecet

1 tk. Majonéz tojás nélkül

Készítmény

Melegítse elő a grillt közepesen magas hőfokon.

Kenjük meg a zöldségeket ¼ csésze olajjal.

Végrehajtás

Sózzuk, borsozzuk és grillezzük 4 percig. mindkét oldalon.

Csak egyszer fordítsa meg, hogy grillnyomok jelenjenek meg a zöldségen.

Keverje össze a szósz összes összetevőjét.

Megszórjuk a zöldségeket.

Grillezett cukkini és endívia saláta

Hozzávalók:

1 darab. Cukkini, hosszában szeletelve és félbevágva

6 db spárga

30 uncia padlizsán (összesen körülbelül 12 uncia), hosszában 1/2 hüvelyk vastag téglalapokra szeletelve

1 csokor escarole

1/4 csésze extra szűz olívaolaj

Fűszerezés

2 evőkanál. extra szűz olívaolaj

Steak szósz, McCormick

3 evőkanál száraz sherry

1 evőkanál. száritott kakukkfű

Készítmény

Melegítse elő a grillt közepesen magas hőfokon.

Kenjük meg a zöldségeket ¼ csésze olajjal.

Végrehajtás

Sózzuk, borsozzuk és grillezzük 4 percig. mindkét oldalon.

Csak egyszer fordítsa meg, hogy grillnyomok jelenjenek meg a zöldségen.

Keverje össze a szósz összes összetevőjét.

Megszórjuk a zöldségeket.

Grillezett karfiol és kelbimbó saláta

Hozzávalók:

5 karfiol rózsa

5 db kelbimbó

30 uncia padlizsán (összesen körülbelül 12 uncia), hosszában 1/2 hüvelyk vastag téglalapokra szeletelve

csésze extra szűz olívaolaj

összetevők fűszerekhez

6 evőkanál extra szűz olívaolaj

tengeri só ízlés szerint

3 evőkanál almaecet

1 evőkanál. kedves

1 tk. Majonéz tojás nélkül

Készítmény

Melegítse elő a grillt közepesen magas hőfokon.

Kenjük meg a zöldségeket ¼ csésze olajjal.

Végrehajtás

Sózzuk, borsozzuk és grillezzük 4 percig. mindkét oldalon.

Csak egyszer fordítsa meg, hogy grillnyomok jelenjenek meg a zöldségen.

Keverje össze a szósz összes összetevőjét.

Megszórjuk a zöldségeket.

Grillezett padlizsán egyszerű saláta

Hozzávalók:

10 uncia padlizsán (összesen körülbelül 12 uncia), hosszában 1/2 hüvelyk vastag téglalapokra szeletelve

csésze extra szűz olívaolaj

összetevők fűszerekhez

6 evőkanál olívaolaj

1 tk. fokhagyma por

tengeri só ízlés szerint

3 evőkanál desztillált fehér ecet

1 tk. Majonéz tojás nélkül

Készítmény

Melegítse elő a grillt közepesen magas hőfokon.

Kenjük meg a zöldségeket ¼ csésze olajjal.

Végrehajtás

Sózzuk, borsozzuk és grillezzük 4 percig. mindkét oldalon.

Csak egyszer fordítsa meg, hogy grillnyomok jelenjenek meg a zöldségen.

Keverje össze a szósz összes összetevőjét.

Megszórjuk a zöldségeket.

Zöldbab és grillezett paradicsom saláta

Hozzávalók:
8 db zöldbab
7 brokkoli virág
4 nagy paradicsom vastagon felszeletelve
5 karfiol rózsa
csésze makadámia olaj

összetevők fűszerekhez
4 evőkanál olívaolaj
Steak szósz, McCormick
2 evőkanál. fehér ecet
1 evőkanál. száritott kakukkfű
1/2 teáskanál tengeri só

Készítmény
Melegítse elő a grillt közepesen magas hőfokon.

Kenjük meg a zöldségeket ¼ csésze olajjal.

Végrehajtás

Sózzuk, borsozzuk és grillezzük 4 percig. mindkét oldalon.

Csak egyszer fordítsa meg, hogy grillnyomok jelenjenek meg a zöldségen.

Keverje össze a szósz összes összetevőjét.

Megszórjuk a zöldségeket.

Saláta és grillezett sárgarépa saláta

Hozzávalók:

8 db zöldbab

7 brokkoli virág

1 csokor római saláta levél

2 közepes sárgarépa, hosszában szeletelve és félbevágva

csésze makadámia olaj

Fűszerezés

2 evőkanál. makadámia olaj

Steak szósz, McCormick

3 evőkanál száraz sherry

1 evőkanál. száritott kakukkfű

Készítmény

Melegítse elő a grillt közepesen magas hőfokon.

Kenjük meg a zöldségeket ¼ csésze olajjal.

Végrehajtás

Sózzuk, borsozzuk és grillezzük 4 percig. mindkét oldalon.

Csak egyszer fordítsa meg, hogy grillnyomok jelenjenek meg a zöldségen.

Keverje össze a szósz összes összetevőjét.

Megszórjuk a zöldségeket.

Grillezett endívia és padlizsán saláta

Hozzávalók:

10 uncia padlizsán (összesen körülbelül 12 uncia), hosszában 1/2 hüvelyk vastag téglalapokra szeletelve

1 csokor escarole

1/4 csésze extra szűz olívaolaj

összetevők fűszerekhez

6 evőkanál olívaolaj

3 csepp Tabasco forró szósz

tengeri só ízlés szerint

3 evőkanál fehérborecet

1 tk. Majonéz tojás nélkül

Készítmény

Melegítse elő a grillt közepesen magas hőfokon.

Kenjük meg a zöldségeket ¼ csésze olajjal.

Végrehajtás

Sózzuk, borsozzuk és grillezzük 4 percig. mindkét oldalon.

Csak egyszer fordítsa meg, hogy grillnyomok jelenjenek meg a zöldségen.

Keverje össze a szósz összes összetevőjét.

Megszórjuk a zöldségeket.

Grillezett paradicsom és karfiol saláta

Hozzávalók:

10 uncia padlizsán (összesen körülbelül 12 uncia), hosszában 1/2 hüvelyk vastag téglalapokra szeletelve

4 nagy paradicsom vastagon felszeletelve

5 karfiol rózsa

csésze makadámia olaj

összetevők fűszerekhez

6 evőkanál olívaolaj

1 tk. fokhagyma por

tengeri só ízlés szerint

3 evőkanál desztillált fehér ecet

1 tk. Majonéz tojás nélkül

Készítmény

Melegítse elő a grillt közepesen magas hőfokon.

Kenjük meg a zöldségeket ¼ csésze olajjal.

Végrehajtás

Sózzuk, borsozzuk és grillezzük 4 percig. mindkét oldalon.

Csak egyszer fordítsa meg, hogy grillnyomok jelenjenek meg a zöldségen.

Keverje össze a szósz összes összetevőjét.

Megszórjuk a zöldségeket.

Grillezett karfiol és kelbimbó saláta

Hozzávalók:

5 karfiol rózsa

5 db kelbimbó

csésze makadámia olaj

összetevők fűszerekhez

6 evőkanál extra szűz olívaolaj

tengeri só ízlés szerint

3 evőkanál almaecet

1 evőkanál. kedves

1 tk. Majonéz tojás nélkül

Készítmény

Melegítse elő a grillt közepesen magas hőfokon.

Kenjük meg a zöldségeket ¼ csésze olajjal.

Végrehajtás

Sózzuk, borsozzuk és grillezzük 4 percig. mindkét oldalon.

Csak egyszer fordítsa meg, hogy grillnyomok jelenjenek meg a zöldségen.

Keverje össze a szósz összes összetevőjét.

Megszórjuk a zöldségeket.

Grillezett escarole, spárga és padlizsán saláta

Hozzávalók:

10 uncia padlizsán (összesen körülbelül 12 uncia), hosszában 1/2 hüvelyk vastag téglalapokra szeletelve

1 darab. Cukkini, hosszában szeletelve és félbevágva

6 db spárga

8 db zöldbab

1 csokor escarole

1/4 csésze extra szűz olívaolaj

Fűszerezés

2 evőkanál. makadámia olaj

Steak szósz, McCormick

3 evőkanál száraz sherry

1 evőkanál. száritott kakukkfű

Készítmény

Melegítse elő a grillt közepesen magas hőfokon.

Kenjük meg a zöldségeket ¼ csésze olajjal.

Végrehajtás

Sózzuk, borsozzuk és grillezzük 4 percig. mindkét oldalon.

Csak egyszer fordítsa meg, hogy grillnyomok jelenjenek meg a zöldségen.

Keverje össze a szósz összes összetevőjét.

Megszórjuk a zöldségeket.

Grillezett cukkinis és padlizsánspárga saláta

Hozzávalók:

1 darab. Cukkini, hosszában szeletelve és félbevágva

6 db spárga

30 uncia padlizsán (összesen körülbelül 12 uncia), hosszában 1/2 hüvelyk vastag téglalapokra szeletelve

csésze extra szűz olívaolaj

összetevők fűszerekhez

6 evőkanál olívaolaj

3 csepp Tabasco forró szósz

tengeri só ízlés szerint

3 evőkanál fehérborecet

1 tk. Majonéz tojás nélkül

Készítmény

Melegítse elő a grillt közepesen magas hőfokon.

Kenjük meg a zöldségeket ¼ csésze olajjal.

Végrehajtás

Sózzuk, borsozzuk és grillezzük 4 percig. mindkét oldalon.

Csak egyszer fordítsa meg, hogy grillnyomok jelenjenek meg a zöldségen.

Keverje össze a szósz összes összetevőjét.

Megszórjuk a zöldségeket.

Grillezett spárga saláta kelbimbóval és cukkinivel

Hozzávalók:

1 darab. Cukkini, hosszában szeletelve és félbevágva

6 db spárga

5 karfiol rózsa

5 db kelbimbó

csésze makadámia olaj

összetevők fűszerekhez

6 evőkanál olívaolaj

1 tk. fokhagyma por

tengeri só ízlés szerint

3 evőkanál desztillált fehér ecet

1 tk. Majonéz tojás nélkül

Készítmény

Melegítse elő a grillt közepesen magas hőfokon.

Kenjük meg a zöldségeket ¼ csésze olajjal.

Végrehajtás

Sózzuk, borsozzuk és grillezzük 4 percig. mindkét oldalon.

Csak egyszer fordítsa meg, hogy grillnyomok jelenjenek meg a zöldségen.

Keverje össze a szósz összes összetevőjét.

Megszórjuk a zöldségeket.

Grillezett cukkini és spárga saláta

Hozzávalók:

10 uncia padlizsán (összesen körülbelül 12 uncia), hosszában 1/2 hüvelyk vastag téglalapokra szeletelve

1 darab. Cukkini, hosszában szeletelve és félbevágva

6 db spárga

csésze extra szűz olívaolaj

összetevők fűszerekhez

4 evőkanál olívaolaj

Steak szósz, McCormick

2 evőkanál. fehér ecet

1 evőkanál. száritott kakukkfű

1/2 teáskanál tengeri só

Készítmény

Melegítse elő a grillt közepesen magas hőfokon.

Kenjük meg a zöldségeket ¼ csésze olajjal.

Végrehajtás

Sózzuk, borsozzuk és grillezzük 4 percig. mindkét oldalon.

Csak egyszer fordítsa meg, hogy grillnyomok jelenjenek meg a zöldségen.

Keverje össze a szósz összes összetevőjét.

Megszórjuk a zöldségeket.

Grillezett padlizsán és római saláta

Hozzávalók:

10 uncia padlizsán (összesen körülbelül 12 uncia), hosszában 1/2 hüvelyk vastag téglalapokra szeletelve

1 csokor római saláta levél

2 közepes sárgarépa, hosszában szeletelve és félbevágva

csésze makadámia olaj

összetevők fűszerekhez

6 evőkanál olívaolaj

3 csepp Tabasco forró szósz

tengeri só ízlés szerint

3 evőkanál fehérborecet

1 tk. Majonéz tojás nélkül

Készítmény

Melegítse elő a grillt közepesen magas hőfokon.

Kenjük meg a zöldségeket ¼ csésze olajjal.

Végrehajtás

Sózzuk, borsozzuk és grillezzük 4 percig. mindkét oldalon.

Csak egyszer fordítsa meg, hogy grillnyomok jelenjenek meg a zöldségen.

Keverje össze a szósz összes összetevőjét.

Megszórjuk a zöldségeket.

Grillezett karfiol, escarole és zöldbab saláta

Hozzávalók:

5 karfiol rózsa

5 db kelbimbó

8 db zöldbab

7 brokkoli virág

1 csokor escarole

1/4 csésze extra szűz olívaolaj

összetevők fűszerekhez

6 evőkanál extra szűz olívaolaj

tengeri só ízlés szerint

3 evőkanál almaecet

1 evőkanál. kedves

1 tk. Majonéz tojás nélkül

Készítmény

Melegítse elő a grillt közepesen magas hőfokon.

Kenjük meg a zöldségeket ¼ csésze olajjal.

Végrehajtás

Sózzuk, borsozzuk és grillezzük 4 percig. mindkét oldalon.

Csak egyszer fordítsa meg, hogy grillnyomok jelenjenek meg a zöldségen.

Keverje össze a szósz összes összetevőjét.

Megszórjuk a zöldségeket.

Padlizsán saláta karfiollal és grillezett paradicsommal

Hozzávalók:

10 uncia padlizsán (összesen körülbelül 12 uncia), hosszában 1/2 hüvelyk vastag téglalapokra szeletelve

4 nagy paradicsom vastagon felszeletelve

5 karfiol rózsa

csésze extra szűz olívaolaj

Fűszerezés

2 evőkanál. makadámia olaj

Steak szósz, McCormick

3 evőkanál száraz sherry

1 evőkanál. száritott kakukkfű

Készítmény

Melegítse elő a grillt közepesen magas hőfokon.

Kenjük meg a zöldségeket ¼ csésze olajjal.

Végrehajtás

Sózzuk, borsozzuk és grillezzük 4 percig. mindkét oldalon.

Csak egyszer fordítsa meg, hogy grillnyomok jelenjenek meg a zöldségen.

Keverje össze a szósz összes összetevőjét.

Megszórjuk a zöldségeket.

Padlizsán és grillezett escarole saláta

Hozzávalók:

10 uncia padlizsán (összesen körülbelül 12 uncia), hosszában 1/2 hüvelyk vastag téglalapokra szeletelve

1 darab. Cukkini, hosszában szeletelve és félbevágva

4 nagy paradicsom vastagon felszeletelve

1 csokor escarole

1/4 csésze extra szűz olívaolaj

Fűszerezés

2 evőkanál. makadámia olaj

Steak szósz, McCormick

3 evőkanál száraz sherry

1 evőkanál. száritott kakukkfű

Készítmény

Melegítse elő a grillt közepesen magas hőfokon.

Kenjük meg a zöldségeket ¼ csésze olajjal.

Végrehajtás

Sózzuk, borsozzuk és grillezzük 4 percig. mindkét oldalon.

Csak egyszer fordítsa meg, hogy grillnyomok jelenjenek meg a zöldségen.

Keverje össze a szósz összes összetevőjét.

Megszórjuk a zöldségeket.

www.ingramcontent.com/pod-product-compliance
Lightning Source LLC
Chambersburg PA
CBHW050354120526
44590CB00015B/1689